Claudia Behrens-Schneider (Hrsg.)
Irmtraud Schmitt

Stilsichere Geschäftsbriefe für Sekretariat und Assistenz

Claudia Behrens-Schneider (Hrsg.)
Irmtraud Schmitt

Stilsichere Geschäftsbriefe für Sekretariat und Assistenz

Mit Checklisten, Übungen und E-Mail-Knigge

REDLINE WIRTSCHAFT

bei verlag moderne industrie

Die Deutsche Bibliothek – CIP-Einheitsaufnahme

Behrens-Schneider (Hrsg.):
Stilsichere Geschäftsbriefe für Sekretariat und Assistenz :
mit Checklisten, Übungen und E-Mail-Knigge / Claudia Behrens-
Schneider (Hrsg.); Irmtraud Schmitt. – München : Redline Wirtschaft
bei Verl. Moderne Industrie, 2002
  ISBN 3-478-37010-8

© 2002 verlag moderne industrie, 80992 München
http://www.redline-wirtschaft.de

Umschlaggestaltung: Grafikhaus, München
Satz: Fotosatz H. Buck, Kumhausen
Druck und Bindearbeiten: Himmer, Augsburg
Printed in Germany 37010/090202
ISBN 3-478-37010-8

Inhalt

Vorwort

Überzeugende Geschäftskorrespondenz – der Schlüssel zum Unternehmenserfolg

Wie informiere ich einen Kunden offen und ehrlich, aber gleichzeitig verbindlich und glaubwürdig über eine unvermeidbare Lieferverzögerung? Wie spreche ich in einem Mailing eine junge Kundengruppe an, ohne anbiedernd oder gar pseudolocker zu wirken? Wie mache ich die Verpflichtung meiner Firma zu konsequenter Kundenorientierung immer wieder deutlich, ohne allzu werblich oder gar aufdringlich zu sein?

Mit solchen und ähnlichen Fragen werden Sie als Sekretärin und Assistentin in Ihrem Arbeitsalltag ständig konfrontiert. Und selbst bei langjähriger Erfahrung fehlen vielleicht auch einem Profi wie Ihnen manchmal die richtigen Worte oder das erfolgsentscheidende Knowhow. Dieser Leitfaden zeigt Ihnen, wie Sie auch die schwierigsten Fälle professionell, souverän und schnell lösen.

Die Autorin, selbst seit langem als Sekretärin und Chefassistentin sowie als Trainerin im Bereich Office Management tätig, hat aus ihrer Arbeitspraxis erprobte und aktuelle Tipps zur Optimierung der Geschäftskorrespondenz für dieses Buch zusammengestellt. Ein konkreter Praxisbezug ist so immer garantiert und die Umsetzung in Ihren beruflichen Alltag gelingt einfach, aber wirkungsvoll. Kurzum: Suchen Sie neue Impulse oder zeitgemäße Versionen für Standardtexte, brauchen Sie schnell abrufbare, effiziente Lösungen für alle möglichen Anliegen oder wollen Sie die Kommunikation nach innen und außen, ein entscheidender Aspekt der Corporate Identity Ihres Unternehmens, nachhaltig verbessern? Dank der vorgestellten Textbausteine, Muster und Lösungsbeispiele finden Sie hier Rat, auch in ganz speziellen Fällen. Neben Anregungen zur Steigerung Ihrer persönlichen Kreativität bekommen Sie alle Instrumente zur formal richtigen Brief- und E-Mail-Gestaltung an die Hand, außerdem eine umfangreiche Übersicht über die wichtigsten und häufigsten Fallen der neuen Rechtschreibung.

Wollen Sie sich auch auf anderen zentralen Berufsfeldern konsequent weiterentwickeln? Der Verlag *redline wirtschaft* kann Ihnen in Sachen Office Management kompetent weiterhelfen. In der vorliegenden neuen Reihe in Zusammenarbeit mit der Fachzeitschrift „working@office" sind gerade die ersten Titel zu Präsentationen und Basiswissen BWL erschienen, die ganz gezielt auf die sich ständig wandelnden Erfordernisse im Office ausgerichtet sind. Weitere wichtige Themen werden folgen, denn die enormen Veränderungen im Berufsbild der Sekretärin hin zur Office Managerin machen eine ständige Wissensanpassung absolut notwendig.

Ohne Zweifel: Sekretärin und Assistentin sind Powerjobs im Wandel. Durch das Wissen aus meiner langjährigen Tätigkeit als Trainerin und Beraterin sowie aus meiner Berufserfahrung auf unterschiedlichen Ebenen in Industrieunternehmen will ich Sie dabei unterstützen, sich auf die neuen Herausforderungen systematisch vorzubereiten.

Ich wünsche Ihnen viel Erfolg!

Gauting, im Juli 2002
Claudia Behrens-Schneider

Einleitung: Zukunft braucht Vergangenheit

Als ich das Angebot bekam, ein Buch zum Thema „Korrespondenz" zu schreiben, ahnte ich noch nicht, wie viel Spaß ich dabei haben würde. Warum macht es mir so viel Freude, mein Wissen weiterzugeben?

Ein Grund liegt sicher darin, dass ich als Chefassistentin täglich mit dem Thema „Moderner Schreibstil" konfrontiert werde und es immer wieder spannend finde, wie sich die Wirkung unserer Korrespondenz auf den Empfänger durch die Psychologie des Textes steuern lässt. Zeitgemäße Korrespondenz ist auf diese Weise ein bedeutendes Instrument moderner Unternehmensführung!

Für mich ist es immer wieder eine große Herausforderung, besonders schwierige Korrespondenzsituationen zu meistern. Gerne gebe ich darum Tipps und Anregungen zum kreativen Umgang damit aus meinem persönlichen Erfahrungsschatz weiter. Somit ist dieses Buch für mich ein Werk aus der Praxis für die Praxis.

Auch bei meiner Tätigkeit als Seminartrainerin gehört das Thema „Moderne Korrespondenz" zu meinen Favoriten. Am Ende von zwei Seminartagen sind meine Teilnehmer oft erstaunt, dass es sich hier – wie oft erwartet – keinesfalls um trockene Lerninhalte handelt. Sie erkennen in der Auseinandersetzung damit, dass die „Korrespondenz" ein interessantes Thema ist, das lebt und sich ständig verändert.

Es macht Spaß, Briefe mit persönlicher Note zu gestalten. Gerade im Zeitalter der modernen Kommunikationstechnologien mit E-Mail & Co. bleibt die Individualität oft auf der Strecke. Aber das muss nicht sein.

Die schönste Belohnung für mich als Autorin wäre, wenn Sie dieses Buch als Nachschlagewerk und Ratgeber für Ihre tägliche Arbeit im Sekretariat nutzten. Es soll Sie Schritt für Schritt, und zwar mit zahlreichen Übungen, zur zeitgemäßen Briefgestaltung führen und Sie dabei unterstützen, Ihren Stil gezielt zu perfektionieren.

Im Zeitalter der neuen Medien hat die schriftliche Kommunikation einen neuen, veränderten Stellenwert: Der handgeschriebene Brief wird immer seltener und andere Medien sind auf den Plan getreten, die unsere „tägliche Kommunikation" dominieren.

Wer aber hätte sich vor 50 Jahren vorstellen können, dass man im Jahr 2002 zwischen immer mehr Formen der Korrespondenz entscheiden kann? E-Mail und SMS zum Beispiel liegen zu Beginn des 21. Jahrhunderts voll im Trend und werden von immer mehr Menschen genutzt.

Doch trotz dieser revolutionären Innovationen hat die schriftliche Kommunikation nichts an Bedeutung eingebüßt: Sie gehört gerade heute, im Zeitalter des verschärften Wettbewerbs, zu den Schlüsselfaktoren des persönlichen sowie des unternehmerischen Erfolgs. Doch meist ist die Korrespondenz der erste Eindruck. Kundenorientierung beginnt im Umgang mit schwierigen Korrespondenzsituationen.

Jedes Schriftstück, das Ihr Unternehmen verlässt, sollte eine Werbung für seine Produkte oder Dienstleistungen sein. Es hat den Zweck, Geschäftsbeziehungen zu knüpfen, sie zu pflegen und so zum Erfolg beizutragen. Nutzen Sie das Potenzial Ihrer Geschäftskorrespondenz!

KORRESPONDENZ

... als persönliche Visitenkarte
Mit jedem Schriftstück, das Sie verfassen, geben Sie etwas von sich preis: Ihr Stil spricht Bände und Ihre Wertschätzung dem Empfänger gegenüber sagt viel über Sie aus. Ihre Korrespondenz wirkt als Visitenkarte für Ihr persönliches Image.
Unterstreichen Sie diese Wirkung, indem Sie Ihre Briefe, Faxe, Mailings und E-Mails professionell gestalten! Professionell heißt: modern, klar, gut verständlich und am Empfänger orientiert.

... als Visitenkarte des Unternehmens
Nicht die Hochglanzbroschüre oder die Werbung in den Medien prägen in erster Linie das Bild Ihres Unternehmens nach außen. Es ist vielmehr der Umgang mit Kunden und Geschäftspartnern, der zeigt, wer Sie sind.

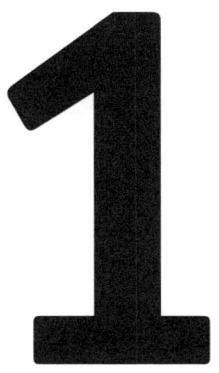

Gute Vorbereitung – der erste Schritt zum Erfolg

Welches Schreiben passt zu welcher Situation?

Welche Form sollten Sie für Ihr Schreiben wählen? Je nach Situation können Sie das Medium Brief, Telefax oder E-Mail verwenden. Für einen **Brief** sollten Sie sich entscheiden bei

- formellen, offiziellen Schreiben oder
- Mitteilungen mit vertraulichem oder persönlichem Inhalt.

Ein **Telefax** ist angebracht, wenn

- der Empfänger das Schreiben schnell erhalten soll,
- Sie mehrere Empfänger gleichzeitig erreichen wollen.

Eine **E-Mail** schreiben Sie dann, wenn

- der Versand besonders schnell erfolgen muss,
- Sie eine sofortige Antwort erwarten,
- Sie wissen wollen, wann der Empfänger Ihr Schreiben gelesen hat,
- Sie mehrere Empfänger gleichzeitig erreichen wollen.

Entwickeln Sie ein Gespür für Ihren Korrespondenzpartner!

Bevor Sie mit dem Schreiben beginnen, sollten Sie sich Gedanken machen:

- über den Empfänger
- über das Ziel Ihres Anliegens

Dreh- und Angelpunkt für den Erfolg: die Angemessenheit Ihres Schreibens

Mit der richtigen Einschätzung der Situation fängt alles an.

Denken Sie mit dem Kopf des Empfängers!

Benutzen Sie dann stets den Sprachstil des Empfängers. Bewegen Sie sich auf seiner Ebene. – Denken Sie daran: Einen 80-Jährigen sprechen Sie anders an als einen Teenie, das muss selbstverständlich sein.

Situativ über den Schreibstil entscheiden

Geht es um ein Kondolenzschreiben oder einen Brief zum Firmenjubiläum? Han-

ACHTUNG

Bedenken Sie, dass ein offizielles Schreiben ca. 30 Euro Gesamtaufwand kostet. Sich Gedanken darüber zu machen, ob nicht ein Telefonat oder eine E-Mail günstiger ist, lohnt sich somit auf jeden Fall.

delt es sich um ein offizielles Schreiben mit klaren Vorschriften? Der Sachverhalt entscheidet in jedem Fall über den Stil. Ihre persönliche Beziehung zum Adressaten spielt ebenfalls eine große Rolle für Ihre Art, sich mitzuteilen. Haben Sie zum Empfänger ein freundschaftliches und offenes Verhältnis, formulieren Sie anders, als wenn Sie jemanden zum ersten Mal kontaktieren.

CHECKLISTE ZUR VORBEREITUNG IHRER KORRESPONDENZ
FRAGEN ÜBER FRAGEN

1. Fragen zum Unternehmen:
- An welches Unternehmen ist Ihr Schreiben gerichtet?
- Kennen Sie die Unternehmenskultur und Firmenphilosophie?
- Zu welcher Branche gehört Ihre Firma?
- Welches sind die besonderen Merkmale des Unternehmens?

2. Fragen zum Ansprechpartner:
- Wer ist Ihr Ansprechpartner?
- Beantwortet er auch das Schreiben?
- Kennen Sie seine Interessen? Wie können Sie darauf eingehen?
- Wie können Sie ihn motivieren?
- Welchen Nutzen und welche Vorteile hat der Adressat von Ihrem Schreiben?
- Wie ist seine Position im Unternehmen (Verantwortung, Kompetenzen)?
- Welche Erwartungen hat der Empfänger? Denken Sie mit dem Kopf des Empfängers!
- Wie ist Ihre Beziehung zum Adressaten?
- Welche Besonderheiten sollten Sie berücksichtigen? Gibt es Anlässe (Geburtstag, bevorstehender Urlaub), die für den Empfänger wichtig sind?

3. Fragen zur inhaltlichen Gestaltung:
- Zu welchem Zweck schreiben Sie ihm? Welches Ziel verfolgen Sie mit Ihrem Brief?
- Wann war der letzte schriftliche Kontakt?
- Sind Sie genau über die Inhalte informiert?
- Worauf müssen Sie eingehen? Notieren Sie die wichtigsten Punkte!
- Welche Anlagen brauchen Sie zur Erklärung oder zur inhaltlichen Unterstützung Ihres Briefes?

Bleiben Sie sich stets treu!

Ihr Stil sollte bei aller Anpassung weiterhin zu Ihrer Person passen. Denken Sie in diesem Zusammenhang an eine Bewerbungssituation: Ihr persönlicher Auftritt beim Vorstellungsgespräch muss dem Stil Ihres Bewerbungsschreibens entsprechen. Nur dann wirken Sie glaubwürdig und überzeugend, aber Sie müssen trotzdem authentisch bleiben. Formulieren Sie deshalb in der Sprache Ihrer Branche und Unternehmenskultur. Eine Werbeagentur wird immer eine andere Sprache benutzen als eine Bank. Das muss man wissen.

Erst denken, dann schreiben!

Für den ersten Eindruck gibt es keine zweite Chance: Die überzeugende Optik ist entscheidend

So wie bei einer Präsentation Ihr äußeres Erscheinungsbild Auskunft darüber gibt, welchen Respekt Sie Ihrem Publikum und der Situation entgegenbringen, zeigt er sich in der äußeren Gestaltung Ihres Schriftstücks; es demonstriert, ob Sie in dem Empfänger einen ernst zu nehmenden Gesprächspartner sehen. Schon die äußere Form entscheidet über eine wohlwollende oder ablehnende Haltung des Lesers. Er darf niemals den Eindruck haben, es sei dem Verfasser gleichgültig, ob die korrekte Form eingehalten werde oder nicht. Diesen Respekt müssen Sie dem Empfänger zollen.

Corporate Identity und Corporate Design als Visitenkarten

Das Corporate Design, das einheitliche äußere Erscheinungsbild, ist die stimmige Selbstdarstellung des Unternehmens. Sie entscheidet über das Image der Firma nach außen. Und: Sie ist Ausdruck der Unternehmensphilosophie und damit verpflichtend für alle.

Eine Werbeagentur bespielsweise möchte entsprechend mit ihrem Corporate Design innovatives Denken, Kreativität und Ideenreichtum ausdrücken. Eine renommierte Unternehmensberatung dagegen verfolgt eher das Ziel, mit ihrem Briefbogen Vertrauen, Sicherheit und Zuverlässigkeit zu erwecken. Prüfen Sie

verschiedene optische Wirkungen an sich selbst anhand eines kleinen Beispiels!

Welchem Arzt würden Sie sich anvertrauen?

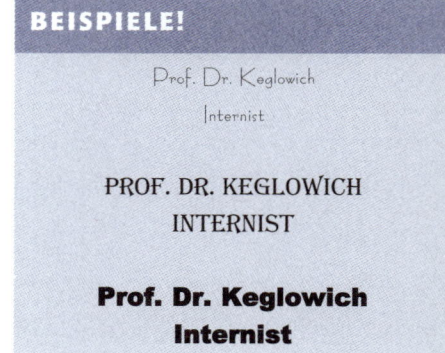

BEISPIELE!

Prof. Dr. Keglowich
Internist

PROF. DR. KEGLOWICH
INTERNIST

**Prof. Dr. Keglowich
Internist**

Schaffen Sie schon durch die richtige Optik beim Leser Vertrauen! Sie sehen, das geht.

Gestaltungselemente des Briefbogens

Die Gestaltung der aufgedruckten Informationen auf einem Briefbogen ist von enormer Bedeutung. Möglichkeiten gibt es unzählige, aber es ist nicht einfach, konsequent die richtigen Signale zu setzen.

Logo

Wie sehen Logos renommierter Firmen aus? So einfach wie möglich – aber einprägsam. **BASF** und **SIEMENS** bieten gute Beispiele für gelungene Logos. Ein Logo dient der guten Wiedererkennbarkeit und der Unverwechselbarkeit. Beides muss erreicht werden.

Farbe

Die Farbe sollte stets zur Unternehmensphilosophie passen und diese unterstreichen. Mit Farbe lässt sich so viel ausdrücken! Der Nuancierung sind keine Grenzen gesetzt. Stellen Sie sich vor, Sie machen sich selbstständig und kreieren Ihr eigenes Logo. Für welche Farbe würden Sie sich entscheiden? Bestimmt für eine, die Sie schon immer sehr mochten, die zu Ihnen und zu Ihrer Firma passt. Vielleicht helfen Ihnen hier auch Erkenntnisse der Farbpsychologie weiter.

Schrift

Denken Sie an das Beispiel von Seite 16. „Der Arzt Ihres Vertrauens". Mit der Schriftart wecken wir bestimme Assoziationen. Verspielte Schriften passen mehr

zu einem kreativen Umfeld, Schriften ohne Schnörkel unterstreichen Sachlichkeit und klare Kompetenz. Es gibt Unternehmen, die arbeiten mit individuellen, unverwechselbaren Schriften, die wir nirgendwo sonst als Standardschriften finden. Sie wirken besonders auffällig und sind in der Tat einzigartig. Es ist die eigene sorgfältig kreierte Hausschrift.

Anordnung

Die Anordnung der Gestaltungselemente (Infoblock, aufgedrucktes Adressfeld, Bankverbindungen etc.) muss stets lesefreundlich sein. Der Briefbogen darf in keinem Fall überladen wirken. Das Auge des Lesers muss sofort das Wichtigste erkennen. Nach diesem Erfordernis sollten Sie alles ausrichten.

Fallen Sie auf, ohne aus dem Rahmen zu fallen!

Was bedeutet moderner Schreibstil?

Was heißt Stil?

Guter Stil bedeutet das harmonische Zusammenspiel von Ausdruck, Wortwahl sowie Übereinstimmung von Inhalt, Form und Sprache. Versetzen Sie sich stets in die Lage des Lesers: Sie erhalten bestimmt selbst oft Briefe, die Sie begeistern und ermuntern, weiterzulesen. Andere Schreiben langweilen Sie. Prüfen Sie doch immer mal wieder, woran das liegt. Denn Sie werden feststellen: Ihre Reaktion hängt weitgehend vom Stil und nicht vom Inhalt ab.

Schreibe wie du sprichst – nur sorgfältiger!

Der gute alte Goethe bringt es auf den Punkt: Benutzen Sie für Ihre Korrespondenz eine Sprache, die Ihnen auch im persönlichen Gespräch zu eigen ist, schreiben Sie so, als würde Ihnen der Empfänger gegenübersitzen.

Modern zu schreiben heißt dabei, klar und nachvollziehbar zu gestalten. Ein guter Brief ist anschaulich gestaltet und zugleich lebendig formuliert.

> Knapp, bündig und attraktiv, heißt die Devise!

Konzentrieren Sie sich stets auf das Wichtigste und verzichten Sie auf überflüssige Floskeln und Phrasen. Bedenken Sie, dass langatmige Schreiben die wertvolle Zeit des Lesers kosten. Die gesprochene Sprache schriftlich wiederzugeben, ist dann der optimale Stil, wenn sie lebendig und präzise zugleich ist.

> Lesen Sie einmal Ihre Korrespondenz daraufhin durch. Entdecken Sie für sich Verbesserungspotenzial?

Die Gestaltungselemente des Briefs – die Kundenorientierung beginnt

Die Anschrift

Achten Sie unbedingt auf korrekte Schreibweise von Namen und Adresse des Empfängers. Denken Sie daran, wie Sie sich selbst fühlen, wenn der Absender Ihren Namen falsch geschrieben hat oder die Adresse nicht stimmt.

Für das Anschriftenfeld stehen neun Zeilen zur Verfügung: Es sind:

- 1 = postalische Vermerke
- 2 = <frei>
- 3 = Empfängerangaben
- 4 = weitere Empfängerangaben
- 5 = Postfach oder Straße mit Hausnummer
- 6 = <frei>
- 7 = Postleitzahl oder Bestimmungsort
- 8 = <frei>
- 9 = <frei>

Postalische Vermerke sind Informationen für die Post, z. B. Angaben zur:

- **Sendungsart** (*Büchersendung, Infopost, Drucksache etc.*)
- **Versendungsform** (*Einschreiben, Nachnahme etc.*)
- **Vorausverfügung** (*Der Vermerk „Falls verzogen, bitte mit neuer Anschrift zurück, nicht nachsenden" hilft, an die neue Adresse zu kommen.*)

Sind diese Informationen überflüssig, bleibt die erste Zeile frei.

Zu den **Empfängerangaben** gehört zunächst die Angabe „Frau", „Herrn" oder die Firmenbezeichnung.

Für die zeitgemäße Korrespondenz gilt:

- Lassen Sie „Frau" oder „Herrn" weg, wenn man durch den Vornamen genau erkennen kann, dass es sich um einen Herrn oder eine Dame handelt.

BEISPIEL!

Claudia Ackermann
Theodor-Heuss-Anlage 3

67458 Sinsheim

- Dasselbe gilt für ein Unternehmen. Lassen Sie den Zusatz „Firma" weg, wenn offensichtlich ist, dass es sich um eine solche handelt.

BEISPIEL!

Pepperl + Fuchs GmbH oder:
BASF AG

aber:

Firma
Heiner Lauritz

- Sind Einzelunternehmen durch die Namensgebung erkennbar, entfällt ebenfalls die Bezeichnung „Firma".

BEISPIEL!

Malermeister Schmitt

Erinnern Sie sich noch an einleitende Formulierungen wie „An die" oder „z.Hd.",
die früher zum Standard gehörten? Diese
sind heute überflüssig geworden und entsprechen nicht mehr dem Stil der Zeit.
Die **Berufsbezeichnung** steht stets vor
dem Namen.

BEISPIEL!

(Herrn) Rechtsanwalt
Helmut Schmitt
Kaiserstraße 45

55543 Bad Kreuznach

Akademische Grade (wie Dr. oder Dipl.-
Ing.) sind direkt vor dem Empfängerna-
men zu platzieren.

BEISPIEL!

(Herrn)
Dr. Peter Adolphs

(Herrn)
Prof. Dr. Heinrich Müller

Falls die Firma zuerst genannt wird,
werden die Briefe in der Regel vorher
geöffnet und an den internen Empfänger weitergeleitet; wird der Name des

Empfängers zuerst genannt, werden sie
ungeöffnet übergeben. In der Zeile 5
wird die **Postfachnummer** in Zweier-
gruppen von rechts gegliedert genannt.

BEISPIELE!

- Postfach 54 78
- Postfach 6 54

Bei Gebäuden, die über mehrere Haus-
nummern gehen, werden diese beim Maschineschreiben mit einem Bindestrich
und jeweils einer Leerstelle zusammengefasst, anders als bei der Textverarbeitung wo die Leerstelle entfällt.

- Uferstraße 67 – 70
- oder mit Schrägstrich: Uferstraße
  67/70

Kommt ein Buchstabe dazu, setzen Sie
ebenfalls kein Leerzeichen dazwischen:

- Uferstraße 78 a

Bitte beachten Sie bei der Schreibweise
von Straßennamen:

- Bei Personennamen (Vor- und Nach-
  name) mit Bindestrich:
  - Konrad-Adenauer-Straße
  - Theodor-Heuss-Anlage

- Bei gebeugten Ortsnamen:
  - Mainzer Straße
  - Münchner Allee

- Bei Verhältniswörtern getrennt:
  - Am Stadtgraben
  - Unter den Linden

- Bei Adjektivverbindungen getrennt:
  - Lange Straße
  - Breite Gasse

- Alle anderen Straßenbezeichnungen werden zusammengeschrieben (Substantive, Personennamen ohne Vornamen, ungebeugte Adjektive):
  - Mozartstraße
  - Erlenweg
  - Hochstraße

Die **Postleitzahl** in Deutschland ist fünfstellig und wird nicht gegliedert. Wichtig bei **Auslandsanschriften:**

- Das Bestimmungsland wird in deutscher Sprache geschrieben *(ITALIEN, FRANKREICH).*

- Der Bestimmungsort ist jedoch in der Landessprache *(FIRENZE, MILANO)* wiederzugeben.

- Bestimmungsland und -ort sind in *Großbuchstaben* zu schreiben.

- Die Länderkennzeichen wie A für Österreich oder NL für Niederlande sollen laut Deutscher Post AG nicht mehr verwendet werden. Somit kommt das Land in deutscher Sprache und in Großbuchstaben in die letzte Zeile.

Der Infoblock

Früher gab es die Bezugszeichenzeile. Erinnern Sie sich– Ihre Zeichen/Unsere Zeichen? Es gibt sie auch heute noch. Diese Zeile ist meistens schon auf dem Briefbogen aufgedruckt.

Zeitgemäß ist jedoch der Infoblock. Er ist rechts oben auf dem Briefbogen platziert (siehe Seite 84. DIN-gerechter Brief). Der Infoblock ist 125,7 Millimeter von der linken Blattkante entfernt. Wie der Name Infoblock schon sagt, soll der Leser auf einen Blick alle für ihn wichtigen Informationen erkennen. Ein empfängerorientierter Infoblock enthält:

- Vor- und Zunamen des Ansprechpartners
- Diktatzeichen – wer schreibt?
- Abteilung (besonders sinnvoll bei großen Konzernen)
- Telefondurchwahl
- Telefaxdurchwahl
- E-Mail-Adresse
- Eventuell Internetadresse, falls auf dem Briefbogen nicht erwähnt
- gegebenenfalls Bürozeiten
- Datum

Fehlen wichtige Angaben, muss der Empfänger nachfragen und das sollte man ihm ersparen. Schon die äußere Gestaltung ist maßgeblich für den weiteren Verlauf der Geschäftsbeziehung.

BEISPIEL!

Verfasser/Diktatzeichen
Abteilung
☎ +49 621 776-
🖷 +49 621 776-
Name@de.musterfirma.com

Mannheim, 5. Juli 2002

(Betreff)

Guten Tag,

Freundliche Grüße

Unterschrift

Machen Sie es dem Leser so einfach wie möglich, mit Ihnen in Kontakt zu treten!

DIESE ANGABEN GEHÖREN AUF EINEN GESCHÄFTSBRIEFBOGEN:

- der im Handelsregister eingetragene Firmenname
- die Rechtsform der Gesellschaft, wie z. B. AG
- der Ort des Firmensitzes
- das zuständige Registergericht des Sitzes der Gesellschaft
- alle Geschäftsführer und deren Stellvertreter mit ihrem Nachnamen und mindestens einem ausgeschriebenen Vornamen
- bei Aufsichts- oder Beiräten der Vorsitzende
- die Handelsregisternummer

Seit 1. Juli 2002 muss auf Rechnungen und Gutschriften die Steuernummer des Unternehmers vermerkt sein.

5

Sieben wichtige Grundelemente als Stimmungsmacher

Wir widmen uns nun den wichtigen Schlüsselpunkten des Briefs. Sie sind Türöffner für Ihr Anliegen und dienen der Orientierung des Lesers:

- Betreff
- Anrede
- Gruß
- Unterschrift
- PS (Postskriptum)
- Anlagen
- Verteiler

Mit diesen Grundelementen schaffen Sie Atmosphäre im Brief und sorgen für Zuneigung und möglicherweise eine gute Stimmung. Sie bringen damit dem Empfänger Wertschätzung und persönliche Aufmerksamkeit entgegen – entscheidende Dinge für den konstruktiven Umgang miteinander.

Der Betreff

Die Bedeutung der Betreffzeile

Der Betreff ist ein **Eyecatcher**. Und: Die Wirkung des Betreffs wird oft unterschätzt. Er ist die Stelle, an der der Leser in vielen Fällen entscheidet, ob er den Brief weiterliest oder nicht. Bei der Formulierung muss der **Lesernutzen** stets erkennbar sein. Zeigen Sie im Betreff, dass Sie auf die Bedürfnisse des Empfängers eingehen. Sachliche Informationen aus dem Betreff können als

konkrete Information ausführlicher im Text wiederholt werden.

Ein gutes Beispiel für die Wichtigkeit des Betreffs zeigt der Posteingang Ihrer E-Mails auf Ihrem Computer. Auf den ersten Blick sehen Sie nur die Betreffzeile Ihrer Nachrichten. Scheinen diese nicht interessant, wird die Mail vielleicht schon gelöscht, bevor sie überhaupt geöffnet wurde.

Der Betreff ist die **Schlagzeile**. Denn: Die Schlagzeile eines Artikels in der Zeitung fesselt Sie im besten Fall und erregt Ihre Aufmerksamkeit oder lässt Sie den Text nur kurz überfliegen oder gar nicht lesen. Im Brief ist der Betreff mit dieser Schlagzeile gleichzusetzen!

Der Betreff als **Inhaltsangabe**. Mit einer aussagekräftigen Betreffzeile wecken Sie das Interesse Ihres Lesers und informieren sofort und ganz konkret, worum es in Ihrem Schreiben geht. So weiß der Empfänger, um welchen Vorgang es sich exakt handelt. Es gilt das Prinzip: So kurz wie möglich!

Der Betreff ist nämlich die knappe und prägnante Inhaltsangabe des Briefs. Dadurch ist für den Empfänger eine Einordnung in einen Gesamtvorgang möglich.

Prüfen Sie stets, wie modern die Formulierung des Betreffs sein kann. Denken Sie daran: Er sollte zum Stil des Hauses und zum Briefinhalt passen.

Die Form

Das Wort „Betreff" wird heute nicht mehr in die Betreffzeile gesetzt. Setzen Sie keinen Punkt am Ende des Betreffs, auch wenn Sie ihn in einem ganzen Satz formulieren. Nur Ausrufezeichen bei Imperativen und Fragezeichen bei Fragen werden an das Ende des Betreffs gesetzt. Der Betreff kann, muss aber nicht durch Fettdruck hervorgehoben werden.

In Brief und Fax steht der Betreff zwei Leerzeilen unter der Bezugszeichenzeile oder dem Infoblock. Wenn diese beiden Komponenten fehlen, finden Sie den Betreff vier Leerzeilen unter der letzten Zeile des Adressfeldes (siehe Abbildung DIN-gerechter Brief auf Seite 84). Zwischen Betreff und Anrede setzt man wiederum zwei Leerzeilen.

Klarheit geht vor Kürze! Beim Betreff „Angebot" beispielsweise weiß niemand auf den ersten Blick, ob es das erste Angebot auf eine Anfrage ist oder welche Vorgeschichte es bereits gibt. Wenn es einen Sachverhalt klarer macht, können Sie den Betreff bedenkenlos auf 2 bis 3 Zeilen ausweiten.

Ein Betreff erübrigt sich bei nur kurzen, persönlichen und privaten Anliegen. Für eine bessere Übersicht bei langen Schreiben verwenden Sie **Teilbetreffs.** Sie dienen als Zwischenüberschriften. Für Bedeutung und Form gilt dasselbe wie für den Betreff zu Anfang des Schreibens.

Ist Ihnen ein Betreff zu sachlich, benutzen Sie die mögliche Angabe aus dem Betreff als gut formulierten Einstieg. Lautet der Betreff etwa: „Unser Telefongesprächgespräch vom XY", formulieren Sie den Einstieg: „Herzlichen Dank für das informative Telefonat vom letzten Freitag."

Vermeiden Sie aber Zahlenmonster im Fließtext. Benutzen Sie z. B. für Kunden- oder Auftragsnummern stets den Betreff.

Summa sumarum: Mit einem gut formulierten Betreff fördern Sie die Werbewirksamkeit eines Schreibens. Sie regen zum Lesen an und erzeugen Spannung. Sie erreichen, dass der Leser Ihrem Anliegen folgt.

EINIGE BEISPIELE FÜR AUSSAGEKRÄFTIGE BETREFFS!

- Weniger ist mehr!
- Kennen Sie schon unser Produkt des Monats?
- Machen Sie mehr aus Ihrer Zeit – wir helfen Ihnen dabei!
- Von nix kommt nix!
- Wie gut ist Ihr Gedächtnis?
- Heute beginnt der Rest Ihres Lebens!
- Wagen Sie mit uns einen Blick in die Zukunft?
- Versprochen ist versprochen!

Die Anrede

Die Bedeutung der Anrede

Mit der Anrede bringen Sie eine individuelle Note in Ihr Schreiben. Denken Sie bei der Anrede darüber nach:

- Wie ist Ihre persönliche Beziehung zum Empfänger?
- Passt die Anrede zum Stil Ihres Hauses und zu Ihnen persönlich?
- Passt sie zum Empfänger?
- Passt die Anrede zum Anlass?

So persönlich wie Ihre Beziehung zum Angesprochenen ist, so persönlich sollte auch Ihre Anrede sein.

Die Form

Die Anrede endet mit einem Komma, der Text beginnt dann mit einem kleinen Buchstaben (sofern kein Substantiv am Briefanfang steht). Sie können auch ein Ausrufezeichen ans Ende der Anrede setzen. Dann beginnt der Text mit Großbuchstaben.
Beachten Sie: Sie müssen nach „Guten Tag" immer ein **Komma** setzen!
Mit dem Gruß „Guten Tag" liegen Sie immer richtig. Benutzen Sie „Guten Tag" ruhig als Standardanrede. Denn diese Formulierung hat sich in den letzten Jahren durchgesetzt. „Sehr geehrte ..." wird mehr und mehr als veraltete Form angesehen.

BEISPIELE!

Nach wie vor gibt es die klassische Anrede wie: „Sehr geehrter Herr Müller" und „Sehr geehrte Frau Kramer".

Frischen Wind in Ihre Korrespondenz bringen vielleicht Formulierungen wie:

„Guten Tag, Herr Küster!"
„Guten Tag, Frau Maier!"

Machen Sie sich bewusst: Niemand spricht seinen Gesprächspartner am Telefon mit „Sehr geehrter Herr Kaiser" an. Warum also nicht die gesprochene Anrede „Guten Tag" benutzen? Sie wirkt nicht zu persönlich, aber lebendig. Entscheiden Sie im Zweifelsfall immer empfängerorientiert! Wenn Sie den Empfänger kennen und wissen, dass er auf ein „Sehr geehrter" Wert legt, zögern Sie nicht, ihn auch so anzusprechen. Andere moderne Varianten sind:

- Hallo und guten Tag, liebe Frau Kaiser,
- Grüß Gott, Frau Albrecht!
- Ein wunderschönen guten Morgen nach Berlin, Frau Meier,
- Moin, moin nach Hamburg!
- Guten Morgen, Herr Löhn!

Wenn Sie den Namen eines direkten Ansprechpartners nicht kennen, schreiben Sie:

- Sehr geehrte Damen,
- sehr geehrte Herren,
- oder ganz einfach: Guten Tag!

Denken Sie bei der persönlichen Ansprache an den akademischen Titel. Er ist wichtiger Bestandteil des Namens und der Empfänger legt meist großen Wert darauf. Zum Beispiel:

- Guten Tag, Herr Dr. Adolphs!
- Sehr geehrter Herr Professor Löhn,

Der Gruß

Bedeutung des Grußes

Hier können Sie Kreativität und persönlichen Stil zeigen. Natürlich lautet die klassische Grußformel: „Mit freundlichen Grüßen". Mit diesem neutralen Gruß können Sie also nichts falsch machen. Sie wirken jedoch intensiver auf den Empfänger, wenn Sie an dieser Stelle Kreativität beweisen. Schaffen Sie mit dem Gruß Individualität. Denn: Die Grußformel ist Ihre persönliche Unterschrift! Zeigen Sie auch hier wieder Empfängerorientierung! Der Absender wird für den Leser spürbarer, wenn die Grüße eine persönliche Note haben. Es entsteht eine stärkere Bindung.

Die Form

Der Gruß wird ganz ohne Satzzeichen geschrieben! Er folgt mit einer Leerzeile Zwischenraum dem Brieftext.

BEISPIELE FÜR KREATIVE GRUSSFORMELN

Vermeiden Sie auf jeden Fall Floskeln wie:

Ich verbleibe mit freundlichen Grüßen oder gar: Hochachtungsvoll

Dann lieber so:

- Herzliche Grüße aus Mainz
- Weihnachtliche Grüße aus Nürnberg
- Sonnige Grüße aus Sylt
- Bis dahin eine gute Zeit
- Schöne Grüße aus Bad Bergzabern
- Es grüßt Sie ...
- Liebe Grüße nach München (bezieht sich direkt auf den Empfänger)
- Vom Neckar grüßt Sie ...
- Für heute einen schönen Tag wünscht ...
- Auf Wiedersehen an unserem Messestand ...
- Von einem vollen Schreibtisch grüßt ...
- Aus Hamburg an der Elbe grüßt ...
- Bis bald und viele Grüße

BEISPIELE FÜR KREATIVE GRUSSFORMELN

Warum nicht einmal anders? Ersatz für die berühmten freundlichen Grüße bieten auch:

- Für Ihre Mühe dankt schon heute ...
- Einen schönen Sommer wünscht Ihnen ...
- Auf ein Gespräch mit Ihnen freut sich ...
- Um Ihre Antwort bis zum XY. bittet ...
- Ein schönes und entspanntes Wochenende wünschen ...
- Auf gute Zusammenarbeit freuen sich ...
- Eine erfolgreiche Arbeitswoche wünscht ...
- Gute Reise und viel Erfolg in Paris wünschen ...
- Ihre Meinung interessiert ...
- Viel Erfolg wünscht Ihnen ...
- Weitere Fragen beantwortet Ihnen gerne Frau XY ...
- Einen schönen Arbeitstag wünscht ...

Titel in Briefanschriften und -anrede

Wie verhält man sich in Sachen Titel? Ein wichtiger Aspekt der persönlichen Anrede ist, den Empfänger stets mit korrektem Namen und Titel anzusprechen.

Es gibt viele Menschen, die besonderen Wert auf ihre Titel legen und deshalb gilt: Sobald Sie wissen, dass zum Namen Ihres Adressaten Titel gehören, sollten Sie sie verwenden. Zudem ist etwa der Doktortitel ein fester Bestandteil des Namens, er gehört also einfach dazu.

Wie erfahren Sie den richtigen Titel?
Die persönliche Vorstellung vermittelt Ihnen meist keine korrekte Information über mögliche Titel. Mehr Aufschluss dagegen gibt die Absenderangabe eines Briefes oder die Visitenkarte. Liegt beides nicht vor, stellen Sie einfach Nachforschungen an, damit Sie sich korrekt an den Adressaten wenden.

Akademische Grade und ihre Bedeutung
Hier vorab einige Beispiele:

- Dipl.-Ing. – Diplom-Ingenieur/in
- Dipl.-Ing. FH – Diplom-Ingenieur von der Fachhochschule
- Dipl.-Päd. – Diplom-Pädagoge/in
- Dipl.-Päd. (PH) – Diplom-Pädagoge/in von der Pädagogischen Hochschule
- M.A. – Magister/Magistra Artium
- Dr. – Doktor
- Dres. – Doktores (Anrede für mehrere Personen mit Doktortitel)
- Dr. habil. – promoviert und habilitiert (kann Professur annehmen)
- Dr. med. – Doktor der Medizin

- Dr. mult. – Person mit mehreren Doktortiteln (multiplex) oder Dr. Dr.
- Dr. h.c. – Doktor ehrenhalber (honoris causa)

- Prof. – Professor im Amt
- Prof. emer. – Professor im Ruhestand (emeritus)

ANSCHRIFT UND ANREDE

- *Die Berufsbezeichnung steht hinter der Anrede:*

  Frau Rechtsanwältin
  Ingrid Kaufmann
  Kaiserstraße 1 – 3

  65203 Wiesbaden

- *Der akademische Grad steht vor dem Namen:*

  Herrn
  Dipl.-Ing. Rainer Lutterbach
  Heppenheimer Landstraße 265 b

  55519 Odenthal

- *Beim Privatbrief wird die Person zuerst genannt. Der Brief darf nicht geöffnet werden:*

  Christine Schäfer
  Musterbau AG
  Adamstraße 76

  55543 Bad Kreuznach

- *Auslandsanschrift: Bestimmungsort und -land werden in Großbuchstaben geschrieben:*

  Maria Spalawski
  Plaza de Carmen 7
  56784 SEVILLA

  SPANIEN

Akademiker

Anschrift	Anrede
Herrn Dr. jur. Thomas Sebastiany	Sehr geehrter Herr Dr. Sebastiany
Frau Professorin Dr. oec. Birgit Schäfer	Sehr geehrte Frau Professorin, *oder:* Sehr geehrte Frau Professorin Schäfer
Herrn Mag. Günther Sohler	Sehr geehrter Herr Magister Sohler
Frau Mag. Sabine Bleidt	Sehr geehrte Frau Magister Bleidt

ANSCHRIFT UND ANREDE

Anschrift	Anrede
Bundes- und Landesregierung sowie Kommunen	
• Herrn Bundeskanzler der Bundesrepublik Deutschland Vorname/Zuname	Sehr geehrter Herr Bundeskanzler
oder:	
• Frau Bundeskanzler ...	Sehr geehrte Frau Bundeskanzler
• Herrn Bundespräsident der Bundesrepublik Deutschland Vorname/Zuname	Sehr geehrter Herr Bundespräsident
oder:	
• Frau Bundespräsidentin ...	Sehr geehrte Frau Bundespräsidentin
• Herrn Vorname/Zuname Präsident des Deutschen Bundestages	Sehr geehrter Herr Bundestagspräsident
• Herrn Vorname/Zuname Präsident des Bundesrates	Sehr geehrter Herr Bundesratspräsident
• Frau Vorname/Zuname Präsidentin des ...	Sehr geehrte Frau ... Präsidentin
• Herrn Vorname/Zuname Staatssekretär im Bundeskanzleramt	Sehr geehrter Herr Staatssekretär
• Herrn Vorname/Zuname Bürgermeister der Stadt ...	Sehr geehrter Herr Bürgermeister
• Frau Vorname/Zuname Bürgermeisterin der Stadt ...	Sehr geehrte Frau Bürgermeisterin

ANSCHRIFT UND ANREDE

Anschrift   *Anrede*

Diplomaten

- Frau Birgit Opaska
  Botschafterin von .../der .../ des ...   Sehr geehrte Frau Botschafterin
- Herrn Konrad Artmann
  Botschafter von .../der .../ des ...   Sehr geehrter Herr Botschafter

Kirchliche Ämter

- Seiner Heiligkeit
  Papst Johannes   Eure Heiligkeit *oder:* Heiliger Vater

- Seiner Eminenz   Euer Eminenz
  den Hochwürdigsten Herrn
  Emilio Kardinal Jerez

- Herrn Bischof
  Andreas Thien   Sehr geehrter Herr Bischof

- Frau Bischöfin
  Sibylle Kunz   Sehr geehrte Frau Bischöfin

- Herrn Pastor
  Peter Korbmacher   Sehr geehrter Herr Pastor

Polizei, Bundeswehr

- Herrn General
  Klaus Steinke   Sehr geehrter Herr General Steinke

- Frau Karla Drossel   Sehr geehrte Frau Kriminaldirektorin
  Leitende Kriminaldirektorin   Drossel

ANSCHRIFT UND ANREDE

Adelstitel

Im Zweifelsfall gilt: Die Kombination von Herr oder Frau mit Titel und vollem Namen ist richtig.

Gesellschaftliche Form: Der Titel steht vor dem Vornamen:

Herrn Graf Albert von Speyer

Gesetzliche Form: Der Titel steht hinter dem Vornamen:

Herrn Albert Graf von Speyer

Diese Form ist nur für Behörden verbindlich.

Anschrift	*Anrede*
Freiherr Albert von Walde	Sehr geehrter Herr von Walde
Frau Gräfin Elisabeth von Speyer	Sehr geehrte Frau Gräfin von Speyer
Freifrau Margret von Walde	Sehr geehrte Frau von Walde
Baron Albert von Speyer	Sehr geehrter Herr Baron von Speyer
Graf Dr. Herbert von Bülow	Sehr geehrter Graf Dr. von Bülow

Die Unterschrift

Die Form

Nach der Grußformel folgen die Unterschrift – linksbündig – sowie die getippte Wiederholung des Namens. Den Abstand zur Firmenbezeichnung legen Sie selbst fest. Zu empfehlen sind drei Leerzeilen, damit ausreichend Platz für die Unterschrift bleibt.

Empfohlen wird, den Vornamen auszuschreiben, damit klar ist, ob es sich um eine Dame oder einen Herrn handelt. Laut Handelsgesetzblatt (HGB) muss die

BEISPIEL!

Herzliche Grüße aus Mannheim
- <Leerzeile>
Pepperl + Fuchs GmbH
- <Leerzeile>
- <Leerzeile>
- <Leerzeile>
Rüdiger Hofmeister

Vollmachtsbezeichnung ppa. handschriftlich vor den Namen gesetzt werden. Die maschinenschriftliche Wiederholung ist eine Option und kein Muss.

Empfohlen wird sie auf jeden Fall, um Rätselraten bei unleserlichen Handschriften zu vermeiden. Auch hier gilt das Prinzip der Kundenorientierung, denn es soll dem Leser so einfach wie möglich gemacht werden, Kontakt mit dem Absender aufzunehmen.

ACHTUNG!

Zur Wahrung der Corporate Identity: Regeln Sie die Namenswiederholung in Ihrem Unternehmen einheitlich!

Zusätze

Folgende Zusätze sind häufig zu finden:

- *ppa.* – bedeutet per prokura und beinhaltet Generalvollmacht.
- *i. V.* – bedeutet im Auftrag und zeigt Handlungsvollmacht an.
- *i. A.* – bedeutet im Auftrag und beinhaltet keinerlei Vollmachten.

Bitte beachten Sie die Leerstellen bei *i. V. und i. A.*

BEISPIEL 1!

Freundliche Grüße aus Paderborn
- <Leerzeile>
Hilfreich AG
- <Leerzeile>
- <Leerzeile>
- <Leerzeile>
i. V. Herbert Weiner

BEISPIEL 2!

Sonnige Grüße nach München
- <Leerzeile>
Albert Einstein GmbH
- <Leerzeile>
ppa.
- <Leerzeile>
Walter Liebers

PS

Die Bedeutung des Postskriptums

Die Rolle des PS wird oft unterschätzt. Früher, im Zeitalter der Schreibmaschine, wurde es dazu benutzt, um noch Vergessenes nachträglich unterzubringen. Dies galt aber schon damals als ein Zeichen von unkonzentriertem Schreiben und wurde nicht als professionell angesehen.

Heute wird das PS genutzt, um Informationen zu betonen, die wichtig sind, aber nicht direkt zum Inhalt des Briefes gehören. (Im Kapitel 6. lesen Sie über die S-Kurve, die das menschliche Leseverhalten widerspiegelt, was in diesem Zusammenhang wichtig ist). Somit steht das PS genau an der richtigen Stelle, um besonders ins Auge zu fallen. Warum diese Stelle also nicht nutzen für Nachrichten, die besonders hervorgehoben werden sollen?

Zum Beispiel:

- besondere Angebote
- Betriebsferien
- Tag der offenen Tür
- Messebeteiligung
- Hinweise auf Urlaub und Vertretung etc.

Die Form

PS kommt aus dem Lateinischen und bedeutet Postskriptum (das Nachgeschriebene). Es gibt allerdings keine Angaben in den DIN-Regeln über diesen Nachsatz.

BEISPIELE!

PS: Als Sieger unseres Gewinnspiels kommen Sie in den Genuss eines Traumurlaubs in der Karibik!

PS: Notieren Sie sich den 25. August als Termin für ein gemeinsames Abendessen. Wir freuen uns darauf, Sie einzuladen!

PS: Kommen Sie zu unserer Hausmesse? Es warten einige Überraschungen auf Sie!

PS: Vom 14. August bis zum 2. September 2002 machen wir Betriebsferien.

PS: Kennen Sie schon unseren neuen Internetauftritt? Besuchen Sie uns doch mal im Netz unter www.... Es lohnt sich!

Anlagen

Die Form

Der Hinweis „Anlage" steht normalerweise mit einer Leerzeile getrennt von der getippten Unterschrift. Aber Sie kennen die Situation: Wenn nicht genügend Platz am Ende des Briefs vorhanden ist, wohin dann mit den Anlagen? Sie können diese auch am rechten Rand auf der Höhe der Grußformel beginnen. (125,7 Millimeter von der linken Blattkante).

Handelt es sich nur um ein Dokument, das schon im Brieftext erwähnt wird, reicht es, wenn Sie nur das Wort „Anlagen" ohne Zusatz schreiben.

ACHTUNG!

Zwischen „Anlage/n" und der konkreten Nennung gibt es keine Leerzeile.

Die Bedeutung

Auf „Anlagen" ist immer hinzuweisen. Somit kann der Empfänger sofort prüfen, ob alle Unterlagen vollständig sind. Und das ist ein Zeichen der Höflichkeit.

Verteiler

Die Form

Wollen Sie den Empfänger darüber informieren, wer eine Kopie Ihres Schreibens erhalten hat, platzieren Sie den Verteiler bündig unter den Anlagenvermerk mit einer Leerzeile getrennt. Sie sollten sich allerdings immer fragen, ob diese interne Information für Ihren Leser von Nutzen ist. Anstatt Namen im Verteiler zu nennen, können Sie auch die Formulierung im Text verwenden:

- Herr Kaiser hat eine Kopie des Schreibens erhalten.

BEISPIEL 1!

Viele Grüße aus Mannheim
- <Leerzeile>
Herbert Pfleiderer AG

i. V. (handschriftliche Unterschrift)
- <Leerzeile>
Helmut Schmitt
- <Leerzeile>
Anlagen
Vertraulichkeitsvereinbarung
Vertrag vom 25. Januar 2002
- <Leerzeile>
Verteiler
Kirsten Häffner, Vertrieb I
Birgit Schweiker, Materialwirtschaft

BEISPIEL 2!

Freundliche Grüße
- <Leerzeile>
- <Leerzeile>
- <Leerzeile>
Friedrich Führich
- <Leerzeile>
Anlage

Die Begriffe „Anlagen" und „Verteiler" können, müssen aber nicht fett gedruckt werden.

Die Darstellung des Inhalts

Die Einleitung ist eine Sympathiebrücke!

Ebenso wie der Betreff entscheidet die Einleitung, ob der Empfänger weiterliest oder nicht. Verzichten Sie, darauf, Bezug zu nehmen. Das haben Sie bereits im Betreff erledigt. Sparen Sie sich ebenso einen langatmigen Einstieg und gehen Sie gleich in medias res!

Die Einleitung soll eine Sympathiebrücke sein, diese Formal sollten Sie immer im Hinterkopf haben. Stellen Sie eine positive Verbindung zum Leser her! Negative Einstiegssätze wie: „Wir bedauern, Sie informieren zu müssen, ..." sind tabu. Auf diese Weise gewinnen Sie bestimmt keine Sympathie.

Verwenden Sie **positive Sprache** auch in negativen Situationen. Zum Beispiel: „Wie schade, dass Sie beim nächsten Treffen nicht dabei sein können."

Vor allem Führungskräfte, deren Zeit besonders kostbar ist, schätzen es, wenn der Verfasser eines Schriftstücks sofort zum Wesentlichen kommt. Verzichten Sie auch auf die veraltete Eingangsfloskel „Wir möchten Ihnen mitteilen, dass ..."

Ein kreatives Umgehen mit dem Korrespondenzpartner gleich beim Einstieg zahlt sich aus!

Tipps für gelungene Einstiegssätze

SAGEN SIE DANKE!

Wenn Sie dem Empfänger Ihren Dank aussprechen, wird er gleich positiv gestimmt sein.

- Vielen Dank für Ihren Brief vom 14. März 2002.
- Danke für die schnelle Antwort.
- Haben Sie vielen Dank für ...
- Herzlichen Dank für Ihre prompte Reaktion.
- Ich danke Ihnen für das offene Gespräch am letzten Donnerstag.
- Ihre Informationen waren sehr nützlich. Vielen Dank!
- Danke schön für die originelle Geburtstagskarte.
- Besten Dank für Ihre Unterstützung.
- Lieben Dank für das informative Telefonat ...
- Danke für die exakten Angaben. Sie helfen uns weiter, ...

FREUEN SIE SICH!

- Wir freuen uns, dass Ihnen unsere Vorschläge gefallen.
- Schön, dass wir Ihnen mit unseren Tipps helfen konnten.
- Es freut uns, dass Sie erfolgreich waren.

SCHAFFEN SIE GUTE STIMMUNG, WENN ES UM HEIKLE SITUATIONEN GEHT!

- Wir sind ganz Ihrer Meinung.
- Warum sollen wir nicht zugeben, dass wir einen Fehler gemacht haben? Danke für Ihren Hinweis.
- Sie hatten um schnelle Bearbeitung gebeten – kein Problem.
- Sie haben Recht – die Rechnung war schon lange bezahlt.
- Sie haben ganz klar erkannt, dass ...
- Danke, dass Sie uns auf den Fehler aufmerksam gemacht haben.
- Vielen Dank für Ihre konstruktive Kritik.
- Ihren Hinweisen sind wir sofort nachgegangen. Wir haben herausgefunden, dass ...
- Wir haben Ihre Informationen geprüft. Der Sachverhalt sieht folgendermaßen aus ...
- Wir können Ihren Ärger verstehen, wir werden die Angelegenheit sofort prüfen ...
- Wir können Ihre Einstellung verstehen, nur ...
- Wir wollen, dass Sie zufrieden sind. Deshalb haben wir sofort eine Eilzustellung mit Ersatzteilen an Sie veranlasst.
- Wir wissen Ihre konstruktive Kritik sehr zu schätzen ...
- Ihre Bedenken sind berechtigt ...
- Vielen Dank für Ihre offenen Worte. Bitte entschuldigen Sie das Versehen.
- Ihr Standpunkt ist sicher richtig, nur ist zu bedenken, dass ...

MACHEN SIE IHR GEGENÜBER NEUGIERIG

- Wussten Sie schon, dass diesen Monat ein ganz besonderes Angebot auf Sie wartet?

LIEFERN SIE GEBALLTE INFORMATIONEN

und zwar rasche, wenn Sie Anlagen versenden
- Sie erhalten heute Informationsmaterial über ...
- Versprochen ist versprochen. Sofort nach unserem Telefonat habe ich die Unterlagen für Sie zusammengestellt.
- Die gewünschten Broschüren erhalten Sie heute zusammen mit den Informationen über ...
- Über Ihre Interesse an unseren Produkten freuen wir uns sehr und senden Ihnen gerne den neuen Prospekt.
- Sie baten uns um ein Angebot. Wir haben es schnell und für Sie maßgeschneidert erstellt.

SIE BEZIEHEN SICH AUF EIN GEFÜHRTES GESPRÄCH

- Ich hoffe, dass Sie nach unserem gestrigen Gespräch noch rechtzeitig Ihren Zug erreicht haben.
- Wie telefonisch mit Ihnen vereinbart, erhalten Sie heute ...
- Unsere gestrige Diskussion hat mir wieder einmal gezeigt, dass wir ein gutes Team sind. Offenheit steht an erster Stelle unserer Zusammenarbeit.

SIE ERINNERN DEN ADRESSATEN AN EINE FORDERUNG

- In der Hektik des Alltags geht schon mal etwas verloren. Haben Sie unsere Rechnung vom 5. Mai schon überwiesen?
- Wann können wir mit Ihrer Überweisung rechnen, Herr Liebers?
- Waren Sie mit unseren Produkten zufrieden? Wenn ja, würden wir uns freuen, wenn Sie unsere Rechnung vom 5. Mai begleichen könnten.

SIE ANTWORTEN AUF EINE ANFRAGE

- Schön, dass Sie sich für unsere Produkte interessieren. Gerne bieten wir Ihnen an: ...
- Von Herrn Dr. Keilmann haben wir erfahren, dass Sie Näheres über unser Produkt XY wissen möchten.
- Wir freuen uns, dass Sie an unseren News interessiert sind. Den Katalog mit unseren Highlights überreichen wir Ihnen gerne.

STARTEN SIE GEZIELT EINE ANFRAGE

- Anlässlich der Hannover Messe haben wir Ihren Stand besucht, wir würden uns über weitere Unterlagen zu Ihren Highlights 2002 freuen.
- Wir haben über Firma Steinecker erfahren, dass Sie ein neues Modell auf den Markt gebracht haben.
- Sie wurden uns von Herrn Maier empfohlen.
- Wir sind sehr interessiert an Ihrem Produkt XY und würden gerne mehr darüber wissen ...

Der Hauptteil

Korrekter Aufbau

AIDA-Formel und S-Kurve lauten hier die Zauberwörter.

Die AIDA-Formel
Sie ist die Formel für den korrekten inhaltlichen Aufbau Ihres Schreibens. Besonders bei Werbebriefen kommt sie zum Einsatz:

- **A – Attention** (Aufmerksamkeit erreichen)
- **I – Interest** (Interesse erzeugen)
- **D – Desire** (einen Wunsch wecken)
- **A – Action** (zum Handeln auffordern)

- *Aufmerksamkeit* erreichen Sie mit der Gestaltung des Schreibens, der Aufmachung und mit einem Betreff als Spannungserzeuger. Bei E-Mails ist der Betreff der entscheidende Punkt, der Aufmerksamkeit erregen sollte.
- *Interesse* erzeugen Sie am besten mit Ihrer Einleitung – ein guter Einstieg ist das A und O. Sie wecken Neugier und machen gespannt auf das, was kommt.
- Einen *Wunsch* wecken Sie mit einer guten Argumentation. Mit Speck fängt man Mäuse! Überlegen Sie, womit Sie den Leser motivieren können. Beachten Sie die Checkliste für die Vorbereitung des Briefs!
- Zur *Handlung* auffordern können Sie den Leser am besten mit einem gut formulierten Schluss, der als Appell dient und genau die Vorteile des Handelns herausstellt.

Die S-Kurve
Blickrichtung und Leseverhalten des Empfängers waren schon oft Gegenstand von wissenschaftlichen Untersuchungen. Man stellte dabei fest: Nur etwa zehn Punkte werden fixiert. Diese bilden die so genannte S-Kurve. Sie beginnt beim **Briefkopf oben rechts**. Der Leser fragt sich natürlich: Wer schreibt mir? Der Blick wandert über den Infoblock. Die nächste Station ist der **Betreff.** – Worum handelt es sich? Weiter geht es mit dem Briefanfang. Der Briefinhalt wird überflogen.
Zum Schluss werden die **Unterschrift** und das **PS** unten links fixiert.
Wir erkennen an der S-Kurve, wie wichtig die Elemente sind, die der Adressat

besonders in Augenschein nimmt. Denken Sie beim Formulieren immer an diesen Blickverlauf! Die Verweilzeit dauert zwar nur ca. zwei Sekunden, in dieser Zeit entscheidet der Leser, ob das Schreiben für ihn interessant ist oder nicht.

Übersichtlichkeit ist Trumpf!

Berücksichtigen Sie folgende Tipps:

- Jeder neue Gedanke heißt, mit einem neuen Absatz zu beginnen! Untersuchungen zum Leseverhalten zeigen, dass Absätze mit mehr als sechs Zeilen den Leser ermüden. Er erfasst den Text dann langsamer.
- Der Brieftext darf nie gequetscht aussehen. Verteilen Sie den Text großzügig auf dem Briefbogen. Handeln Sie niemals nach dem Motto: Es muss alles auf eine Seite passen. Bei einem kurzen Text sollten Sie auf eine gute Verteilung auf der Seite achten.
- Ihren Brief können Sie meist schon allein dadurch kürzen, dass Sie Füllwörter und Floskeln weglassen.
- Anlagen schaffen Übersichtlichkeit. Formulieren Sie Angebote oder sonstige Zusatzinformationen als Anlage und fügen Sie diese nicht in den Brief ein. Bei mehr als zwei Seiten Textumfang erschöpft sich das Leseinteresse schnell.

- Kennzeichnen Sie die Seitenzahl und geben Sie dem Leser die Information, wie viele Seiten noch folgen (z. B.: Seite 2 von 4).

Logische Gliederung

Der Brieftext folgt der Anrede nach einer Leerzeile.

Dieser besteht aus Einleitung, Hauptteil und Schluss. Die drei Teile werden durch Absätze voneinander getrennt. Nach DIN 5008 werden Absätze durch eine Leerzeile gekennzeichnet.

> **MERKE!**
>
> Vermeiden Sie langatmige Einleitungen. Sie schaffen kein gutes Leseklima.

Achten Sie am Schluss darauf, dass Sie nicht noch einmal den Inhalt des Briefes wiederholen. Gestalten Sie den Schluss kurz, prägnant und verbindlich. Denn: In der Kürze liegt die Würze!

Abschluss

Der erste Eindruck entscheidet, der letzte bleibt haften!

Damit der Abschluss des Briefs beim Leser in guter Erinnerung bleibt, verwenden Sie keine negativen Formulierungen, sondern beenden Sie den Brief immer positiv. Also nicht mit: „Wir bedauern, dass wir Ihr Angebot ablehnen müssen", und sparen Sie sich Floskeln und verstaubte Phrasen wie z. B.: „Wir hoffen, Ihnen hiermit gedient zu haben und verbleiben ..." oder: „Selbstverständlich stehen wir Ihnen jederzeit zur Verfügung.", *sondern sagen sie einfach:* „Haben Sie noch Fragen? Rufen Sie uns an!"

Pflegen Sie im Abschluss nochmals bewusst die Beziehung zum Empfänger. Gestalten sie den letzten Eindruck mit einer Sympathiebrücke – genauso wie zu Beginn des Briefs.

Der Schluss ist ein wichtiges Steuerungsinstrument!

Im Schlussteil fassen Sie noch einmal kurz das Gesagte zusammen und zeigen auf, wie die nächsten Schritte aussehen. So lenken Sie den Leser ganz bewusst auf Ihr Ziel hin. z. B.:

- Schon heute vielen Dank für Ihre Unterstützung.
- Geben Sie uns bald Bescheid?
- Haben Sie am 30. August Zeit?
- Ich freue mich auf das Treffen mit Ihnen am 20. Mai 2003.
- Über eine schnelle Lösung freuen wir uns.
- Wir freuen uns auf Ihren Anruf am Mittwochnachmittag.

Am Schluss des Briefes muss für den Empfänger klar werden, welches die nächsten Schritte sind. Machen Sie klar, was er von seiner Seite aus noch zu tun hat und wie Ihre nächsten Aktionen aussehen.

So steuern Sie effizient den weiteren Ablauf der Geschäftsbeziehung

Wenn Ihr Ziel ist, dass der Empfänger Ihrer Nachricht sich bei Ihnen meldet, machen Sie das klar und deutlich. Die Tür, die Sie in der Einleitung geöffnet haben, soll offen bleiben. Schreiben Sie niemals: „Ich stehe Ihnen für Fragen zur Verfügung." Diese Floskel ermuntert den Leser nicht unmittelbar, Sie anzurufen.

- Sprechen Sie eine ehrliche Einladung aus.
- Machen Sie es dem Empfänger so leicht wie möglich, Sie zu kontaktieren.
- Geben Sie ihm klare Angaben, dann spürt er, dass Sie es ernst meinen. Und zwar:
  „Sie erreichen mich am besten morgen zwischen 14 und 15 Uhr. Meine Telefonnummer lautet: ..."

SAGE WAS DU WILLST, DANN BEKOMMST DU ES!

Sprechen Sie im Briefabschluss offen über Ihre Ziele:

- Wir möchten Sie von unserem Produkt XY überzeugen. Deshalb laden wir Sie auf unseren Messestand ein.
- Wenn Sie bis zum 15. August bestellen, gewähren wir einen Nachlass von 15 Prozent.
- Unser Ziel ist eine für beide Seiten Gewinn bringende Zusammenarbeit. Wir sind überzeugt, dass wir starke Partner werden können.

Bieten Sie Dienstbereitschaft an:

- Sprechen Sie offen mit uns über Ihre Wünsche. Wir sind überzeugt, dass wir Ihnen helfen können.
- Sie können sich immer auf unsere Unterstützung verlassen. Das ist unser Verständnis von ehrlicher Partnerschaft.

GELUNGENE SCHLUSS-FORMULIERUNGEN

- Wir freuen uns auf ein persönliches Treffen.
- Schon heute sind wir gespannt auf ein interessantes Gespräch mit Ihnen.
- Rufen Sie uns an, wenn Sie Fragen haben. Sie erreichen uns montags bis freitags von 9 bis 17 Uhr unter der Telefonnummer: ...
- Mit Spannung erwarten wir Ihre Antwort.
- An Ihrer Meinung sind wir sehr interessiert.

TIPP!

Schließen Sie doch mal mit einer Frage, sie wirkt wie ein Appell:

- Gefällt Ihnen unser Angebot?
- Sie haben noch Fragen? Rufen Sie uns an!
- Sind Sie mit unserem Vorschlag einverstanden? Darüber freut sich ...
- Wie denken Sie darüber?
- Ist Ihnen der Termin recht?
- Haben Sie eine andere Empfehlung?
- Können wir mit Ihrer Überweisung bis zum 5. Mai rechnen?
- Wann können wir uns darüber unterhalten?
- Haben Sie damit Erfahrung?
- Wie sind Ihre Vorschläge zu diesem Thema?
- Wann nennen Sie uns Ihre Terminvorschläge?
- Geben Sie uns bald Bescheid?
- Können wir noch einmal im Detail über die Sache sprechen?

Auch eine persönlicher Note wirkt sympathisch:

- Ich wünsche Ihnen einen erfolgreichen Tag.
- Viel Vergnügen beim Studieren unserer Unterlagen.
- Für Ihr Verständnis danken wir Ihnen.

Das Angebot von Hilfe kommt gut an:

- Können wir noch etwas für Sie tun? Rufen Sie uns einfach an! Wir sind für Sie da.
- Wir hoffen, die Unterlagen helfen Ihnen bei Ihrer Entscheidung.
- Hoffentlich konnten wir Ihnen helfen.
- Wollen Sie mehr über unser Produkt wissen? Füllen Sie einfach die Antwortkarte aus. Unser Außendienstmitarbeiter besucht Sie so bald wie möglich.

7 Sprachstil

„Den Stil verbessern – das heißt, den Gedanken verbessern und nichts weiter!" hat Friedrich Nietzsche gesagt. Und er hat Recht.

Sie haben in jedem Fall entscheidenden Einfluss auf die Wirkung Ihrer Korrespondenz. Wenn auch nicht unbedingt auf das Corporate Design, dann zumindest auf die Gestaltung des Texts. Leider werden Brief- oder Sprachstil häufig vernachlässigt. Schade, denn Ihr persönlicher Stil ist ein Erfolgsfaktor für Ihre gesamte Korrespondenz. Sie wollen beim Empfänger eine bestimmte Reaktion auslösen. Beispielsweise:

- eine Handlung (eine Terminvereinbarung)
- einen Entschluss (ein Produkt zu kaufen)
- ein Gefühl (Vertrauen zu schenken)
- einen Eindruck (ein positives Bild Ihres Unternehmens)

Sie haben es selbst in der Hand, ob Ihr Stil „ankommt" oder nicht.

MERKE!

Stil und Sprache sind Geschmackssache und ein Teil Ihrer Persönlichkeit.

Empfängerorientierte Formulierungen – der Sie-Stil

Sprechen Sie nicht von sich, sondern vom Empfänger. Stellen Sie sich so auf ihn ein. Achten Sie darauf, dass sich Ihr Korrespondenzpartner angesprochen fühlt. Er muss Ihr Interesse ganz konkret wahrnehmen.

BEISPIEL!

Sie erhalten die neuen Konzepte in den nächsten Tagen.

Statt: Wir senden Ihnen die neuen Konzepte in den nächsten Tagen.

ÜBUNG!

Formulieren Sie also so oft es geht im Sie-Stil. Hier einige Übungen:

- Wir garantieren Ihnen eine vertrauliche Behandlung Ihrer Unterlagen.

  Besser:

  _____

- Wir werden Ihnen den Betrag in den nächsten Tagen überweisen.

  Besser:

  _____

- Wir können Ihnen unsere Neuheiten besonders empfehlen.

  Besser:

  _____

- Wir bieten Ihnen eine große Auswahl an verschiedenen Modellen an.

  Besser:

  _____

- Wir bitten Sie, bei Fragen Frau Schröder anzurufen.

  Besser:

  _____

- Wir machen es für Sie möglich.

  Besser:

  _____

- Wir können Ihnen dieses Produkt sehr empfehlen.

  Besser:

  _____

„Wir" oder „ich"?
Wenn Sie auf dem Firmenbriefbogen schreiben, sollten Sie als Angestellte/r eines Unternehmens stets von „wir" sprechen.
Ausnahme: Bei persönlichen Grußworten oder handschriftlichen Notizen. Versuchen Sie aber in jedem Fall, bei einer Version zu bleiben.

Vermeiden Sie „Bürokratismen"

Kennen Sie das berühmte Kanzleideutsch? Was früher als höflich galt, ist heute als gute Formulierung nicht mehr gefragt. Die Rede ist von überflüssigen Phrasen und Floskeln, die Sie in der gesprochenen Sprache niemals verwenden würden:

BEISPIELE!

Bürokratendeutsch	Moderne Sprache
• mittels	mit (durch)
• bezüglich	wegen
• seitens	von, durch
• gemäß	nach
• laut	nach
• ungeachtet	trotz
• nichtsdestotrotz	trotz
• soeben	heute

ÜBUNG!

Finden Sie Formulierungen in moderner Sprache!

anhand

_____

hinsichtlich

_____

binnen

_____

alsbald

_____

in Anbetracht

_____

darüber hinaus

_____

infolgedessen

_____

unzweifelhaft

_____

abgesehen von

_____

zwischenzeitlich

_____

Verzichten Sie auf Füllwörter

Diese Wörter haben keine Aussagekraft und nehmen Ihrem Sprachstil die Lebendigkeit. Füllwörter sind beispielsweise:

- eigentlich
- nun
- hier
- einmal
- sicher
- absolut
- relativ
- gewissermaßen
- entsprechend
- sozusagen
- praktisch
- diesbezüglich

Vermeiden Sie schwülstige Formulierungen und Phrasen

- Wir teilen Ihnen mit, dass ...
- Ihr Schreiben vom 15. August 2002 haben wir erhalten und möchten Ihnen hiermit höflich mitteilen, dass ...
- Wir möchten Sie bitten, ...
- Wir möchten Sie davon in Kenntnis setzen, dass die Zeitschrift zweimal im Monat erscheint.
- Wir erlauben uns, Ihnen unsere neue Preisliste zu schicken.
- Wir möchten Ihnen folgenden Vorschlag machen ...

Kündigen Sie also keine Vorschläge an, sondern machen Sie sie einfach.

Vermeiden Sie Doppelaussagen

Im Falle von Doppelaussagen spricht man von Tautologien. Das sind Aussagen, die aus mehreren Teilen bestehen, aber alle dasselbe meinen. Sicher kennen Sie alle das Beispiel vom weißen Schimmel. Weitere Beispiele für Doppelaussagen sind folgende:

- Werbeslogan
- Zeitepoche
- zeitliche Verzögerung
- Vorankündigung
- abkopieren
- Rückantwort
- Grundprinzip
- frankierter Freiumschlag
- getroffene Vereinbarung
- gestellte Rechnung
- mündliches Gespräch
- bereits schon
- gemachte Aussage
- hinzuaddieren
- neu renovieren
- Zukunftsprognose
- stattgefundene Besprechung
- Telefonanruf
- zwingende Notwendigkeit
- eigenverantwortlich
- Testversuch
- kleiner Moment

- die Erlaubnis, ... zu dürfen
- die Fähigkeit, ... zu können
- Vorentwurf
- einzelne Details
- aus dem Grunde, weil ...

Formulieren Sie positiv

Mit positiver Sprache verursachen Sie angenehme Gefühle beim Korrespondenzpartner. Diese Wörter sind in diesem Zusammenhang kontraproduktiv und Sie sollten sie vermeiden:

- müssen
- aber
- nie
- nicht
- nein
- unmöglich
- nur
- erst
- leider

Die Wörter sorgen für eine negative Stimmung.

ÜBUNG!

Hier einige Beispiele für negative Formulierungen. Formulieren Sie sie positiv um!

- Sicher haben Sie vergessen, unsere Rechnung vom 7. Mai 2002 zu bezahlen.

  Besser:

  _____

- Die Flasche ist halb leer.

  Besser:

  _____

- Leider gibt es dieses Produkt nicht mehr in unserem Lieferprogramm. Ersatzteile können wir Ihnen nicht liefern.

  Besser:

  _____

- Es kommen keine Kosten auf Sie zu.

  Besser:

  _____

- Unser Geschäft ist vormittags geschlossen.

  Besser:

  _____

- Da haben Sie mich falsch verstanden.

  Besser:

  _____

BEISPIELE!

Hier einige Beispiele für positive Formulierungen:

negativ formuliert	positiv formuliert
Tricks	Vorschläge, Anregungen
Einwand	Frage, Diskussionsbeitrag
nicht gestattet	nur mit Erlaubnis von
Fehler, Schwäche	Verbesserungspotenzial
nicht geschafft	noch zu erledigen
belehren	Erfahrung weitergeben
ab Euro 40	schon für Euro 40
Die Ware muss verkauft werden.	Die Ware ist im Angebot.
Das haben Sie ganz falsch verstanden.	Wie kommen Sie zu dieser Annahme?
Das glaube ich nicht.	Das überrascht mich.
Reklame, Propaganda	Verbrauchertipp
Wir haben lange Lieferzeiten.	Das Produkt war der Renner der Saison.
Konkurrenz	Wettbewerb
Wir fürchten ...	Wir hoffen ...
schlecht	bietet Verbesserungspotenzial
Das Produkt muss verkauft werden.	Das Produkt ist im Angebot.

Sie sollten keine negativen Assoziationen hevorrufen

Es gibt Ausdrücke, die für uns sofort einen negativen Touch haben:

- Kosten
- Reklamation
- Sorgen
- Verpflichtung
- Beschwerde
- Ärger
- Problem
- schlecht
- schwierig
- unterlassen

Konzentrieren Sie sich auf Wörter, die positive Assoziationen wecken:

- Vertrauen
- Engagement
- Gewinn
- Herausforderung
- Impuls
- Initiative
- sofort
- Vorteil
- Freude
- Garantie
- Nutzen
- Vorsprung

Vermeiden Sie Schachtel-sätze

Formulieren Sie kurze, leicht verständliche Sätze mit maximal 15 bis 20 Wörtern. Bei längeren Sätzen passiert es leicht, dass sich Ihr Leser am Ende nicht mehr an den Satzanfang erinnern kann. Denken Sie daran: Eine normale Gedächtnisleistung ist, dass man sich sieben plus bzw. minus zwei Informationen auf einen Schritt merken kann.
Bei unverständlichen Briefen kommt es zu Rückfragen, die es zu vermeiden gilt. Sie kosten Zeit und Geld. Hinzu kommt, dass Sie den Leser verärgern, weil er sich durch weitschweifige und umständliche Sätze hindurchkämpfen muss.

Machen Sie öfter Absätze

Beginnen Sie für jeden neuen Gedanken einen neuen Absatz. Keine Passage sollte kürzer als zwei oder länger als sieben Zeilen sein. Durch kurze Sätze und Absätze wird Ihr Brief verständlicher und leichter lesbar.

Fremdwörter & Co.

Vermeiden Sie:

- *unnötig viele Fremdwörter:* Da Sie den Bildungsstandard Ihres Empfängers meistens nicht genau kennen, laufen Sie Gefahr, dass Fremdwörter nicht verstanden werden. Hier gilt die Devise: Weniger ist mehr!

- *Jargonausdrücke:* Bitte verzichten Sie völlig auf solche Begriffe, sie wirken deplaziert.
- *Übertreibungen:* Begriffe wie klasse, super, sensationell sind selten angemessen.
- *Fachbegriffe:* Auch hier ist weniger mehr! Wägen Sie ab, wie viele fachspezifische Begriffe Sie verwenden sollten! Denken Sie mit dem Kopf Ihres Empfängers.
  Wenn Sie Fachtermini gebrauchen, können Sie Begriffe auch in Klammern erläutern, falls Sie das für notwendig erachten.
- *Wiederholungen:* Diese Forderung gilt besonders für negative Tatbestände. Durch Wiederholungen werden sie unnötig verstärkt.
- *Abkürzungen:* Sie sind nicht lesefreundlich. Beispielsweise u. a., ggf., u. U., z. B. Suchen Sie nach Alternativen:
  - bzw. – oder
  - etc. – und andere
  - o. g. – bitte ersatzlos streichen, der Betreff reicht.
  - d. h. – das bedeutet für Sie ...

Vermeiden Sie Formulierungen wie „in der Anlage", „anbei finden Sie" oder „beiliegend"

Wenn Sie die Anlagen zum Schluss aufführen, sparen Sie sich auch das Aufzählen im Text. „Anbei finden Sie" ersetzen Sie am besten durch: „Sie erhalten heute ..."

MERKE1

„In der Anlage" gibt es nicht – in der Anlage küsste er das Mädchen!

Hinweise zur Grammatik

Diese Faustregeln sind unbedingt zu beachten:

- *Vermeiden Sie den Konjunktiv!* Streichen Sie Wörter wie „könnte", „würde", „wäre", „hätte", „möchte" usw. aus Ihrem Sprachgebrauch. Konjunktivformen schwächen Aussagen ab. Man wird dadurch Ihre Glaubwürdigkeit anzweifeln. Wählen Sie stets den Indikativ, damit Ihr Brief klar und verständlich ausfällt.

- *Präsens statt Futur!*

BEISPIEL!

Wir werden der Sache sofort nachgehen.
Besser: Wir kümmern uns sofort um die Sache.

Im Futur wirken die Aussagen unsicherer. Wählen Sie dann auch das Präsens, wenn Sie einen Vorgang in der Zukunft beschreiben wollen.

- *Formulieren Sie im Aktiv!*
Passivkonstruktionen verhindern dass der Stil lebendig wirkt. Passivsätze sind meistens umständlich und nicht immer eindeutig.

BEISPIEL 1!

Im August werden Sie über die neuen Preise informiert.
Besser: Im August erhalten Sie die neuen Preise.

Aktive Formulierungen klingen kundenfreundlicher:

BEISPIEL 2!

Es wird eine Lösung gefunden werden.
Besser: Wir arbeiten an einer Lösung für Sie.

- *Setzen Sie auf das Verb!*
Wenn Sie mehr Verben verwenden, klingt Ihr Schreiben lebendiger. Hauptwörter nehmen die Aktion heraus. Vermeiden Sie vor allem Hauptwörter mit den Endungen auf -ung, -heit und -keit. Darin steckt auf alle Fälle ein Verb, das zur Geltung kommen sollte.

ÜBUNG!

Zu viele Substantive wirken negativ – formulieren Sie in der Verbalform

- Zwecks präziser Terminierung möchten wir Sie bitten, uns detailliertere Angaben zukommen zu lassen.

  Besser:

  _____

- Wir bitten um Nachricht hinsichtlich der von uns unterbreiteten Vorschläge einer neuen Küchengestaltung.

  Besser:

  _____

- Wir möchten Sie um Übersendung der ausstehenden Lieferung bitten. Nach Erhalt derselben werden Sie über die Qualität in Kenntnis gesetzt.

  Besser:

  _____

- Wir bitten um Benachrichtigung, sobald Sie die Überweisung vorgenommen haben.

  Besser:

  _____

- In Beantwortung Ihrer Frage müssen wir Ihnen mitteilen, dass eine Garantieverlängerung nicht möglich ist.

  Besser:

  _____

MERKE!

Zeigen Sie Einfühlungsvermögen und vermeiden Sie Spannungserzeuger! Formulieren Sie partnerschaftlich!

Machen Sie Ihrem Leser niemals Vorwürfe! Senden Sie Ich-Botschaften, damit Sie einfühlsam auf ihn zugehen können.

Kritisierend	*Ich-Botschaft*
• Sie haben sich verrechnet.	_____
• Sie haben mich falsch verstanden.	_____
• Da ist Ihnen ein Fehler unterlaufen.	_____
• Sie haben uns zu spät angerufen.	_____
• Sie hätten uns früher informieren müssen.	_____

ÜBUNG!

Von antiquierten Floskeln zu zeitgemäßen Formulierungen, so lautet die Devise.

BEDENKEN SIE!

Wie drücken Sie sich aus, wenn Sie sich mit dem Empfänger direkt unterhalten?

- Beiliegend erhalten Sie die diesbezügliche Rechnung, um deren baldigen Ausgleich ich Sie bitten möchte.

  _____

  _____

- Wir hoffen, Ihnen hiermit gedient zu haben, und verbleiben ...

  _____

  _____

- Vereinbarungsgemäß möchten wir Ihnen mitteilen, dass wir mit einer Kulanzregelung einverstanden sind.

  _____

  _____

- Wir nehmen Bezug auf den kürzlich erfolgten Besuch Ihres Herrn Köhler und möchten uns im Nachhinein für die Offenheit in der Diskussion bedanken.

  _____

  _____

- Wir bestätigen dankend den Erhalt Ihrer Anfrage und unterbreiten Ihnen gerne folgendes Angebot:

  _____

  _____

- Wir dürfen Sie höflich bitten, den Rechnungsbetrag in Höhe von Euro 75 mittels beiliegendem Einzahlungsformular zu begleichen.

_____

_____

- Wie wir Ihrem Schreiben vom 5. Mai entnehmen können, ist die Lieferung noch nicht bei Ihnen eingegangen.

_____

_____

- Wir bitten um Überprüfung unserer Rechnung vom ...

_____

_____

- Wir kommen zurück auf den bestehenden Schriftwechsel und möchten Sie wie folgt informieren ...

_____

_____

- Wir möchten Sie darauf hinweisen, dass dieses Produkt sehr lange Bearbeitungszeiten beansprucht.

_____

_____

- Wir möchten Ihnen folgenden Betrag in Rechnung stellen.

_____

_____

- In der Anlage erhalten Sie einen frankierten Freiumschlag für Ihre Rückanwort.

_____

_____

- Die entstehenden Kosten werden wir Ihnen rückvergüten.

  _____

  _____

- Wir werden Skonto in Abzug bringen.

  _____

  _____

- Ihrer Stellungnahme sehen wir mit großem Interesse entgegen.

  _____

  _____

Formulieren Sie kurz, bündig und ansprechend!

BEISPIELE FÜR KNAPPE FORMULIERUNGEN

- Sie erhalten ...

- Wir bitten um Ihren Besuch und schlagen Ihnen folgende Termine vor:

- Wir freuen uns auf Ihren Auftrag ...

- Herzlichen Dank für Ihr Interesse an unseren Neuheiten.

- Gerne präsentieren wir Ihnen ...

- Bitte entschuldigen Sie, dass Sie warten mussten.

- Wir freuen uns auf gute Geschäftsbeziehungen.

- Bitte antworten Sie uns bis zum ...

- Wir bieten Ihnen an ...

- Können Sie den Termin einhalten?

- Schreiben Sie uns in den nächsten Tagen ...

- Herzlichen Dank für die rasche Stellungnahme.

- Ihre Bedenken sind berechtigt.

- Wir freuen uns auf Sie!

- Ihre Vorschläge gefallen uns.

- Können wir mit Ihnen rechnen?

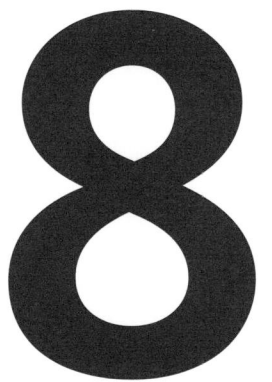

Interner Schriftverkehr und seine Bedeutung

Auch Ihre interne Korrespondenz wirkt wie eine Visitenkarte und ist Teil Ihres Images. Denken Sie stets daran: Kundenorientierung beginnt im eigenen Unternehmen. Als Sekretärin und Assistentin sitzen Sie an einer wichtigen Schaltstelle, über die Mitarbeiter regelmäßig schriftlich informiert werden – mit Protokollen, Aktennotizen, Rundschreiben, Telefonnotizen oder Berichten. Dadurch sind Sie oft Stimmungsmacher, besonders in schwierigen Situationen, wenn es um unangenehme Mitteilungen geht. Ihre Mitarbeiter und Kollegen sind in dieser Hinsicht Ihre internen Kunden.

Jedes Schriftstück, das Ihr Sekretariat verlässt, gibt Auskunft über Ihren persönlichen Stil und die Wertschätzung, die Sie dem Empfänger entgegenbringen. Legen Sie gerade hier besonderen Wert auf professionelle Gestaltung!

Nachbereitung von Besprechungen

Protokolle

Ein Protokoll dient der Information der betroffenen Stellen über den Verlauf und die Ergebnisse einer Besprechung. Vereinbarungen und Beschlüsse werden hiermit schriftlich fixiert. Bei Unklarheiten dient das Protokoll als Beweis- und Nachweismittel, es ist somit ein wichtiges Dokument.

> Das Protokoll ist der rote Faden des Gesprächs!

Die zentralen Kriterien für gute Protokolle sind folgende:

* sachorientierte, objektive und präzise Wiedergabe des Inhalts
* übersichtliche Gliederung nach Themen
* angemessener Umfang
* Beschränkung auf das Wesentliche
* knappe, verständliche und eindeutige Formulierungen

Die Erstellung eines Protokolls ist keine einfache Aufgabe. Sie erfordert ein gutes Stilgefühl, denn oft müssen subjektive und persönlich gefärbte Äußerungen sachlich, angemessen und präzise wiedergegeben werden. Ein Protokollführer sollte sich vorher über die Tagesordnung informiert haben, gut formulieren können und grammatikalisch sattelfest sein. Er muss zwischen Wichtigem und Unwichtigem unterscheiden können, also einen Blick für das Wesentliche besitzen.

Protokollarten

* *Wortprotokoll*
  Hier wird der gesamte Sitzungsverlauf mit jedem Einwand unverändert wörtlich wiedergegeben. Diese Art von Protokollen ist in der betrieb-

lichen Praxis sehr selten und findet meist bei Gericht oder in Parlamentssitzungen Anwendung.

Nachteil: Das Wortprotokoll ist sehr zeitaufwändig und wird leicht unübersichtlich.

Vorteil: Es hat hohe Beweiskraft aufgrund seiner Vollständigkeit.

- *Verlaufsprotokoll (ausführliches Protokoll)*
  Das Verlaufsprotokoll gibt eine Sitzung nicht Wort für Wort, sondern in zusammengefasster Form wieder. Die wichtigsten Beiträge und Ergebnisse werden dokumentiert.
- *Kurzprotokoll*
  Das Kurzprotokoll gibt in knapper Form Auskunft über das Besprechungsergebnis und wie es dazu gekommen ist.
- *Ergebnisprotokoll oder Beschlussprotokoll*
  Diese Form ist sehr verbreitet, denn dieses Protokoll enthält nur die Ergebnisse und Beschlüsse einer Sitzung. Der Aufwand für die Erstellung ist sehr gering, es ist übersichtlich und kostet den Leser wenig Zeit.

Bestandteile des Protokolls

Protokollkopf
Der Protokollkopf enthält:

- Thema der Besprechung
- Besprechungsort

- Datum
- Beginn und Ende mit Uhrzeit
- Name des Veranstalters
- Teilnehmer
- Überschrift

Die **Überschrift** muss mindestens das Wort „Protokoll" enthalten, die Protokollart kann ergänzt werden. Vermerken Sie bei einer Besprechungsserie stets die Protokollnummer.

Gibt es nur einen Punkt zu besprechen, geben Sie ihn als **Thema** an. Sind mehrere Besprechungspunkte zu berücksichtigen, wird vorher eine Tagesordnung festgelegt. Oft wird diese erst kurz vor der Sitzung genehmigt. Dies muss im Protokoll vermerkt werden.

Die **Teilnehmer** werden mit Vor- und Zunamen genannt. Beachten Sie die Reihenfolge: Vorsitzender, Teilnehmer, Protokollführer. Führen Sie die Namen der Teilnehmer nach Rangfolge oder nach dem Alphabet an. Nennen Sie die Teilnehmer separat, die nur zeitweise anwesend waren. Erwähnen Sie auch die Teilnehmer, die eingeladen, aber nicht anwesend waren. Vermerken Sie, ob sie entschuldigt oder unentschuldigt fehlten.

Protokollhauptteil
- Gliedern Sie übersichtlich durch Absätze.
- Kennzeichnen Sie die einzelnen Tagesordnungspunkte als Überschriften.

- Gliedern Sie innerhalb der Tagesordnungspunkte nach sachlichen Aspekten.
- Halten Sie die Reihenfolge der Besprechungspunkte in der Tagesordnung ein. Wenn im Gespräch ein Tagesordnungspunkt später nochmals erwähnt wird, ergänzen Sie diese Notizen bei dem früheren Punkt.
- Beginnen Sie für jeden neuen Gedanken einen neuen Absatz.
- Heben Sie Beschlüsse und wichtige Ergebnisse optisch hervor.
- Erwähnen Sie bei wichtigen Aussagen die Namen der jeweiligen Teilnehmer.
- Beachten Sie die DIN 5008-Regeln.

Sprachliche Gestaltung
- Formulieren Sie in einfachen, kurzen Sätzen.
- Benutzen Sie im Zweifelsfall eher Verben als Substantive.
- Vermeiden Sie Übertreibungen und Fremdwörter.
- Verwenden Sie abwechslungsreiche Formulierungen.

Schreiben Sie bei einem ausführlichen Kurz- und Ergebnisprotokoll im **Präsens.** Nur Vorgänge, die zurzeit der Besprechung abgeschlossen waren, werden auch in der Vergangenheit festgehalten.

Protokollschluss
Hier sind folgende Elemente bedeutungsvoll:

- Ort und Datum der Anfertigung
- Unterschrift des Sitzungsleiters (Vorsitzenden) und des Protokollführers mit maschinenschriftlicher Wiederholung der Namen
- Ort, Tag und Uhrzeit der nächsten Sitzung, falls schon festgelegt
- Verteilervermerk, d.h., der Verteiler enthält die Namen aller Personen, die eine Kopie des Protokolls bekommen. Es ist nicht nötig, alle Namen der Teilnehmer nochmals aufzuführen. Es genügt als Vermerk der Hinweis „Teilnehmer".
- Erhalten einige Teilnehmer nur einen Auszug des Protokolls, werden die entsprechenden Punkte vermerkt.

Was für die externe Korrespondenz gilt, ist auch für den internen Schriftverkehr wichtig.

Eine gute Vorbereitung ist der erste Schritt zum Erfolg
Als Protokollführerin sollten Sie sich vorab informieren über:

- das Thema
- die Tagesordnung
- Teilnehmer (Name, Funktion)
- Ablauf (Satzung)

Sie unterschreiben das Protokoll nach der Fertigstellung und legen es dem Vorsitzenden zur Genehmigung vor. Er hat das Recht, noch etwas zu ändern.

Aktennotiz

Nicht jede Besprechung wird offiziell protokolliert. Hier stellt die Aktennotiz einen **Protokollersatz** dar. Sie dient der

PRAXISHILFEN

Praxishilfe 1

Ein zeitgemäßes und sehr effizientes Mittel der Besprechungsdokumentation ist heute in vielen Unternehmer die **To-do-Liste**. Sie erfüllt die Funktion eines Ergebnisprotokolls und bietet einen genauen Überblick, wer was bis wann zu erledigen hat. Eine To-do-Liste stellt die professionelle und effektive Nachbereitung einer Sitzung sicher.

To do-Liste/Ergebnisprotokoll

Datum:	Uhrzeit:			
Ort				
Thema:	Zielsetzung:			
Teilnehmer:	Benötigte Unterlagen:			
Besprechungspunkte	Resultate	delegiert an	Termin	erl.
1.				
2.				
3.				
4.				
5.				
Sofort zu veranlassen				

PRAXISHILFEN

Praxishilfe 2

Dieses Formular können Sie während der Sitzung zur Protokollerstellung verwenden. Es hilft Ihnen als Protokollführerin, strukturiert zu arbeiten und sich auf das Wesentliche zu konzentrieren.

Besprechungsplan/Checkliste

Datum:	Uhrzeit:
Ort	
Thema:	Zielsetzung:
Teilnehmer:	Benötigte Unterlagen:
Besprechungspunkte	Beschlüsse/Ergebnisse/Maßnahmen
1.	
2.	
3.	
4.	
5.	
Sofort zu veranlassen	

Information der Mitarbeiter und wird aus dem Gedächtnis oder nach Stichworten erstellt. **Sie ist eine Art Kurzprotokoll.** Die Notiz beinhaltet die wichtigsten Punkte und Beschlüsse und ist somit – wie das Protokoll – **eine Dokumentation der zentralen Entscheidungen.** Sie dient in bestimmten Fällen auch dazu, einen Tatbestand schriftlich festzuhalten (z. B. zur Absicherung bei Personalangelegenheiten).

Zudem ist sie **Gedankenspeicher** und hält Ideen bei komplexen Vorgängen oder Projekten fest.

Gestaltungselemente (Reihenfolge ist flexibel):

- Überschrift
- Betreff
- Ort und Dauer der Besprechung,
- Teilnehmer
- Inhalt
- To-do-Liste
- Unterschrift des Verfassers
- Ort und Datum
- Verteiler

Auch hier gilt: Achten Sie auf eine übersichtliche Gliederung und eine knappe und prägnante Formulierung. Als internes Schriftstück ist die Notiz an keine feste Form gebunden. Sie können Ihren eigenen Vordruck anfertigen. Auf der nächsten Seite finden Sie ein Formular, das Sie innerbrieblich für jegliche Art von interner Korrespondenz verwenden können. Bitte beachten Sie auch bei internem Schriftverkehr die Corporate Identity Ihres Unternehmens. Achten Sie auf Schriftbild, Logo, Anordnung und Sprache Ihres Unternehmens.

Rundschreiben oder interne Mitteilungen

Bei dieser Form werden keine Ereignisse oder Ergebnisse notiert. Rundschreiben oder interne Mitteilungen dienen zur Information eines größeren Empfängerkreises. Sie erreichen die Empfänger entweder per E-Mail oder werden als Kopie an den Verteiler verschickt.

Wie bei der Aktennotiz gibt es auch für Rundschreiben keine Formvorschrift. Die Beachtung gewisser Eckdaten ist jedoch erforderlich.

Beantworten Sie folgende Fragen:

- Welchen Vorgang betrifft das Rundschreiben?
- Wer hat die Nachricht verfasst?
- Wann und warum wurde die Nachricht verfasst?
- Was wurde bereits getan?
- Was soll noch gemacht werden?

Bei Rundschreiben mit Anweisungen formulieren Sie eindeutig und verständlich. So vermeiden Sie Missverständisse. Be-

BEISPIEL

Geschäftsbereich
Abteilung
Vor- und Zuname (☎ Telefon)
Evtl. E-Mail-Adresse

Datum/Diktatzeichen

Notiz/Besuchsbericht ...   FIRMENLOGO UND -NAME _____

(Betreff) _____

_____

Verteiler: _____   **Teilnehmer:** _____

_____   **(bei** _____

_____   **Protokollen)** _____

Text _____

_____

_____

_____

_____

_____

_____

_____

_____

_____

_____

_____

_____

Unterschrift _____

sonders bei unangenehmen Mitteilungen sind Ihr Einfühlungsvermögen und guter Stil gefragt. In dieser Funktion sind Sie als Sekretärin und Assistentin Stimmungsmacher in Sachen Betriebsklima. Bei allgemeinen Bekanntmachungen können Sie einen abwechslungsreichen und lebendigen Stil verwenden. Es gelten dieselben Regeln wie bei der externen Korrespondenz: Schreibe wie du sprichst, nur sorgfältiger! Lösen Sie sich von antiquierten Floskeln, formulieren Sie persönlich und zeitgemäß!

BEISPIEL

Ein Muster für eine Mitteilung über einen neuen Mitarbeiter an alle Bereiche stellt folgendes Schreiben dar.

WER IST EIGENTLICH THOMAS WEBER?

Ein Name, den man sich merken muss. Er ist der neue Vertriebsleiter weltweit. Nachdem er in Singapur erfolgreich unsere Entwicklungsabteilung aufgebaut hat, kehrt er nach fünf Jahren am 1. Juli 2002 wieder nach Deutschland zurück.

Wir sind froh, dass Herr Weber sich mit seinen Erfahrungen den neuen Herausforderungen stellt, die hier auf ihn warten. In seiner neuen Position wird er unseren internationalen Vertrieb weiter ausbauen und die Verantwortung für die Kooordination der Marketing- und Verkaufsaktivitäten weltweit übernehmen.

Herr Weber wünscht sich Ihre Unterstützung, vor allem in der Einarbeitungsphase. Er ist Ihnen für alle wichtigen Informationen dankbar.

Wir gratulieren ihm zu seiner neuen Aufgabe und werden unser Bestes tun, dass er sich vom ersten Augenblick an bei uns wohl fühlt.

Danke für Ihre Unterstüzung.

Die Geschäftsleitung

Mannheim, 14. Juni 2002

Telefonnotiz

Von jedem Telefonat, das weitere Aktionen nach sich zieht, sollten Sie eine Telefonnotiz anfertigen. Sie dient zur **Dokumentation** wichtiger Inhalte und zur **Information** betroffener Mitarbeiter. Eine Telefonnotiz sollt kurz und präzise formuliert sein und sich auf die wesentlichen Punkte beschränken. Sie bedarf keiner bestimmten äußeren Form.

Es ist sinnvoll, sich dafür einen entsprechenden Vordruck zu erstellen, und zwar mit einer übersichtlichen Gliederung, die das Wichtigste auf den ersten Blick erkennen lässt. Beachten Sie dabei die folgenden W-Fragen:

- Welchen Vorgang betrifft es?
- Wer war dabei?
- Wann war das?
- Was war bis dahin wesentlich?
- Was wurde bereits getan?
- Was wird getan?
- Wer hat gesprochen?

TELEFONNOTIZ

Für _____ Abteilung: _____

Datum des Anrufs: _____ Uhrzeit: _____

Name, Firma, Telefonnummer des Anrufers:

_____

_____

☐ meldet sich wieder

☐ bittet um Rückruf unter Telefonnummer _____ Zeit _____

☐ bestellt „schöne Grüße"

Thema: _____

Gesprächsinhalt: _____

_____

_____

bereits veranlasst: _____

noch zu veranlassen: _____

Erledigung bis: _____

Stimmung des Anrufers: _____

Mitteilung von: _____

Name

_____

Abteilung   Datum

Verteiler: _____

CHECKLISTE FÜR KAUFMÄNNISCHEN SCHRIFTVERKEHR

Anfrage

- *Beschreiben Sie:*
  - die Situation
  - das/die gewünschte Produkt/Dienstleistung

- *Geben Sie vor:*
  - die Situation
  - das gewünschte Produkt/die angeforderte Dienstleistung
  - den gewünschten Termin
  - an wen das Angebot zu richten ist
  - den Preisrahmen
  - den Liefertermin
  - eventuell Garantien, Konventionalstrafen, Gewährleistungen, andere Konditionen

- *Fragen Sie nach*
  - allen erhältlichen und relevanten Informationen über das Unternehmen

- *Eventuelle Anlagen:*
  - Zeichnungen, Prospekte oder Beschreibungen

Angebot

- *Beschreiben bzw. nennen Sie:*
  - das Produkt/die Dienstleistung detailliert
  - den Preis (mit oder ohne MwSt.)
  - welche Preisbindungen (freibleibend) bestehen
  - Rabatte
  - Skonto
  - den festen Liefertermin
  - Lieferkonditionen
  - Zahlungsbedingungen
  - einen Hinweis auf Eigentumsvorbehalt

- *Achten Sie auf*
  - eine Frist für die Gültigkeit des Angebots

- *Eventuelle Anlagen:*
  - Zeichnungen, Prospekte und Ihre allgemeinen Lieferbedingungen

9

Das Layout

Die DIN 5008

Darunter sind die Schreib- und Gestaltungsregeln für die Textverarbeitung (Stand: 5/2002) zusammengefasst.

AUSZÜGE AUS DER DIN 5008 MIT DEN WICHTIGSTEN REGELN

Eine komplette DIN 5008 steht in den meisten Sekretariaten und außerdem in der Sekretariatsbibliothek zur Verfügung. Hier einige Hinweise zu häufig vorkommenden Fällen in den Bereichen:

- Wörter
- Zwischenräume
- Rechenzeichen
- Zahlengliederungen und Zahlenaufstellungen
- Gliederung und Kennzeichnung von Texten
- Besonderheiten bei Größenangaben und Formeln
- Beschriften von Briefblättern

Wörter
- Kopplung
- Aneinanderreihung

Werden mehrere Substantive oder Adjektive aneinandergereiht, so werden sie durch Bindestriche verbunden:

- Vitamin-C-Gehalt
- öffentlich-rechtlich
- A4-Format

Es steht ein Bindestrich bei zusammengesetzten Wörtern, die eine Zahl in Ziffern enthalten. Beispielsweise:

- 25-jährig
- 85-prozentig

Kommt nach der Ziffer eine Nachsilbe, entfällt der Bindestrich:

- 8fach
- 60%iger

Abkürzungen
Abkürzungen, die mit vollem Wortlaut gesprochen werden, erhalten einen Punkt. Außerdem folgt nach jedem Punkt ein kleiner Zwischenraum:

- z. B.
- u.a.m.
- Mrd.
- i. A.
- ggf.

Ausnahmen: usw. usf. (und so weiter, und so fort)

Abkürzungen, die wie selbstständige Wörter gesprochen werden, erhalten keinen Punkt und in sich keine Leerzeichen:

- UNICEF
- AG

AUSZÜGE AUS DER DIN 5008 MIT DEN WICHTIGSTEN REGELN

- GmbH
- OPEC
- HGB

Währungsbezeichnungen
Die Währungsbezeichnung kann vor
oder hinter dem Betrag stehen:

- EUR 765 oder 765 EUR

In fortlaufendem Text sollten
Währungsbezeichnungen hinter dem
Betrag stehen:

- 123,45 EUR

EUR, USD, CHF, GBP ist die internatio-
nale Schreibweise.
Die Währungsbezeichnungen stehen in
Großbuchstaben.

Zwischenräume
Nach Punkt, Komma, Strichpunkt, Doppelpunkt, Fragezeichen und Ausrufezeichen folgt stets ein Leerzeichen.
Vor und nach dem **Gedankenstrich**
steht jeweils ein Leerzeichen. Satzzeichen folgen dem zweiten Gedankenstrich ohne Leerzeichen:

- Ich fürchte – hoffentlich zu Unrecht
  –, dass …

Ersetzt der Bindestrich das Wort „bis",
so steht vor und hinter dem Bindestrich ein Leerzeichen:

- 8 – 10 EUR
- Alzeyer Straße 40 – 42

Rechenzeichen
Zum Beispiel das Prozentzeichen

- 3 % Skonto (Leerzeichen vor und
  hinter dem Prozentzeichen)

Verhältniszeichen
Maßstab 1 : 10 000 (Leerzeichen vor
und hinter dem Doppelpunkt)
- Mischungsverhältnis 2 : 3

*Zahlengliederungen und Zahlenaufstel-
lungen*
Kalenderdaten:

- Nur in Zahlen ausgedrückt erscheinen in der Reihenfolge **Jahr, Monat,
  Tag:** 2002–05–05
- Die Schreibung mit zweistelliger
  Jahreszahl sollte nur dann angewen-
  det werden, wenn die Interpretation
  eindeutig ist: 02–05–05
- In Zahlen und Buchstaben ausgedrückt heißt das 5. Mai 2002 oder
  auch abgekürzt: 14. Sept. 2001.

- Die Gliederung nach **Tag, Monat,
  Jahr**, getrennt mit Punkt lautet:
  05.05.02 oder 05.05.2002.

AUSZÜGE AUS DER DIN 5008 MIT DEN WICHTIGSTEN REGELN

Uhrzeiten
Sie erscheinen immer mit Doppelpunkt, und zwar getrennt und ohne Leerzeichen.

- 07:40 Uhr
- 00:08 Uhr
- 21:08:13 Uhr

Ausnahme! 5 Uhr (wenn nur die volle Stunde angegeben wird)

Telefon- oder Faxnummern
Sie werden nicht mehr zweistellig aufgeteilt, dürfen zur besseren Lesbarkeit aber durch Fettung hervorgehoben werden. Die Klammern bei der Ortsnetzkennzahl entfallen.

- Einzelanschluss ohne Durchwahl:
  769; 1362; 76499
- Zentrale Abfragestelle:
  0621 776–0
- Durchwahlanschluss:
  0621 776–1215
- Sondernummern:
  0190 191816; 0800 664398

Aber!
Ist in Sondernummern nach der Nummer des Anbieters eine Ziffer für die Gebührenzählung angegeben (z. B. bisher 0 18 05), bleibt davor und danach ein Leerzeichen: 0189 5 161758

- Bei internationalen Telefonnummern wird 00 durch + ersetzt:
  +49 231 567322; +49 231 567–866

Die *Postfachnummer* wird von rechts beginnend zweistellig gegliedert:

- 1 23 23 34 5 67 89 45 68 62

Die *Bankleitzahl*: links nach rechts in zwei Dreiergruppen, einmal Zweiergruppe

- BLZ 670 501 01

Gliederung und Kennzeichnung von Texten

- Absätze
  Absätze sind vom vorhergehenden und vom folgenden Text jeweils durch eine Leerzeile zu trennen.
- Besonderheiten bei Größenangaben und Formeln
  Einheiten werden mit einem Leerzeichen hinter dem Zahlenwert geschrieben: 15 mV oder 80 % oder –30 °C (das Minus steht direkt vor der Zahl, vor „°C" Leertaste drücken!).

Allein stehende, hoch gestellte Zeichen folgen dem Zahlenwert ohne Leerzeichen: z. B. Winkel von 120°, 14° oder 3' oder 20"

Hervorhebungen

Wichtige Informationen, denen der Empfänger besondere Aufmerksamkeit
schenken soll, können Sie optisch her-
vorheben durch:

- Fettdruck
- Unterstreichen
- eine andere Schriftart

PRINZIPIELL GILT:

Nicht mehr als zwei bis drei Hervorhebungen pro Seite, sonst wirkt der Text
unübersichtlich und überladen.

Entscheiden Sie sich für eine Art der
Hervorhebung, sonst wirkt die Fülle irri-
tierend.

Der Rand

Der Flattersatz kommt dem Leseverhalten der Menschen entgegen, und zwar
Linksbündig mit freiem rechten Rand ist
günstig. Der Blocksatz ist ungünstig,
denn er wirkt wie eine Drucksache oder
ein Massenbrief. Hinzu kommt, dass
durch die unterschiedlichen Abstände
zwischen den einzelnen Wörtern der Le-
sefluss gestört wird.

Besondere Darstellungen

Zur Übersichtlichkeit und klaren Struk-
turierung Ihres Briefes dienen:

- Einrückung
- Aufzählung
- Nummerierung

Der rechte Rand entspricht hierbei dem
Rand des Fließtexts.
Zusätzlich können Sie Übersicht schaf-
fen mit:

- Tabellen
- Bildern
- Mindmaps (siehe Anhang)
- Listen

Welche Auswirkungen hat die neue deutsche Rechtschreibung auf Ihre Korrespondenz?

Seit August 1998 sind die neuen amtli-
chen Rechtschreibregeln gültig.
Erinnern wir uns an den Aspekt der Corporate Identity, ist festzuhalten, dass
das einheitliche und moderne Erscheinungsbild eines Unternehmens auch die
einheitliche Anwendung der neuen
Rechtschreibregeln beinhaltet (zu Einzelheiten siehe Anhang)!

So sieht ein DIN-gerechter Briefbogen aus

Der Bindestrich bezeichnet eine Leerzeile.

Sendungsart/Versendungsform
- \<Leerzeile>

Empfängerbezeichnung
Empfängerbezeichnung
Postfach oder Straße und Hausnummer
- \<Leerzeile>

PLZ Bestimmungsort
- \<Leerzeile>

Bestimmungsland/Telefaxnummer
- \<Leerzeile>
- \<Leerzeile>

Bezugszeichenzeile mit Datum
- \<Leerzeile>
- \<Leerzeile>

Wortlaut des Betreffs (Fettdruck möglich)
- \<Leerzeile>
- \<Leerzeile>

Anrede,
- \<Leerzeile>

Text: 1. Absatz
- \<Leerzeile>

Gruß
- \<Leerzeile>

Firmenbezeichnung
- \<Leerzeile>

Zusätze
- \<Leerzeile>

Maschinenschriftliche Unterzeichnerangabe mit Vor- und Zunamen
- \<Leerzeile>

PS:
- \<Leerzeile>
- \<Leerzeile>

Anlagen
- Blindtext
- \<Leerzeile>

Verteiler
- Blindtext

10

Kundenorientierung und Geschäftskorrespondenz

Kundenorientierung – was heißt das?

Der Kunde ist König – ein alter Spruch, der die Kernaussage wunderbar wiedergibt: Der Kunde ist das wertvollste Gut eines Unternehmens. Er zahlt Ihr Gehalt und sichert damit Ihre Zukunft und die des Unternehmens. Kundenorientierung heißt:

- den Kunden ernst nehmen
- im Kopf des Kunden denken

Zahlen und Fakten zur Kundenorientierung

Das Wirtschaftswunderland hängt durch. Zahlen und Fakten belegen dies klar.

- Servicewüste Deutschland: Im europäischen Vergleich liegen die deutschen Dienstleister auf dem drittletzten Platz *(nach Learning International, Düsseldorf)*.
- Ergebnisse einer Untersuchung von *Hewlett Packard GmbH:*
  - Hinter jedem reklamierenden Kunden stecken 26 weitere, die schweigen.
  - 91 Prozent der unzufriedenen Kunden kaufen nicht mehr bei uns.
  - Aber Achtung: 90 Prozent der nach der Reklamation voll zufrieden gestellten Kunden kaufen wieder bei uns.

- Die Kosten, um einen neuen Kunden zu gewinnen, sind fünfmal höher, als einen vorhandenen Kunden zu halten.
- Ein unzufriedener Kunde spricht mit 8 bis 16 anderen.
- *Eine Studie von IBM zeigt:*
  - Weniger als 50 Prozent der Kunden, deren Probleme nicht gelöst wurden, wollen dem Unternehmen trotzdem treu bleiben.
  - 95 Prozent würden dem Unternehmen eine Chance geben, wenn die Probleme zur Zufriedenheit gelöst wurden.

Auch allgemeine Studien zu diesem Themakomplex sprechen Bände.

- *Eine Studie von Ford belegt:*
  - Unzufriedene Kunden erzählen nach einem Autokauf ca. 22 Personen von ihrem Ärger. Im Gegensatz dazu berichten die zufriedenen Kunden im Schnitt nur acht Personen aus ihrem engen Bekanntenkreis davon.
- Erschreckende Zahlen ergeben sich nach der *TARP-Studie (Technical Assistance Research Programs):*
  - Ungefähr 41 Prozent der Beschwerdeschreiben werden von den Firmen nicht beantwortet.
  - Die Beantwortungszeit dauert im Durchschnitt 20 Tage.

Unterschätzen Sie nie die die Mulitpli-
katorwirkung eines unzufriedenen Kunden!

Wie interpretieren Sie diese Zahlen und Fakten für die Kundenorientierung in Ihrer Korrespondenz?

- Bedenken Sie die Multiplikatorwir-
kung eines unzufriedenen Kunden:

Antworten Sie vor allem auf Reklamationen und Beschwerdebriefe so
schnell wie möglich.

- Nehmen Sie jedes Anliegen eines
Kunden ernst, auch wenn Sie die Sache persönlich anders bewerten.
- Machen Sie es dem Kunden durch
sorgfältige Angaben so einfach wie
möglich, mit Ihnen in Kontakt zu
treten (Nennung von Telefonnummer,
E-Mail-Adresse, Abteilung).

Telefaxe als empfängerorientierte Korrespondenz

Die Bedeutung

Das Wort „Telefax" setzt sich zusammen aus „tele" (fern) und „fax" (faksimile), die getreue Nachbildung einer Vorlage. Durch den Einzug der E-Mails in das Office des 21. Jahrhunderts tritt das Telefax allerdings mehr in den Hintergrund. Dabei sollten wir jedoch nicht seine wichtigsten Vorteile vergessen:

- Das Fax stellt einen schnellen und wirtschaftlichen Versandweg dar.
- Es eignet sich hervorragend für die Übermittlung von Anlagen, die nicht als Datei zur Verfügung stehen (Zeichnungen, Bilder usw.).
- Es kann persönlich unterschrieben werden – der entscheidende Vorteil gegenüber einer E-Mail.

Die Form

Oft können wir beobachten, dass der Korrespondenz per Brief mehr Sorgfalt gewidmet wird als der Korrespondenz per Telefax. Dabei handelt es sich hier ebenfalls um ein rechtsgültiges Schriftstück, das als Ihre Visitenkarte und die des Unternehmens gilt.

Das Prinzip der Empfängerorientierung ist hier genauso wichtig wie bei einem persönlichen Brief:

- Halten Sie das Corporate Design ein! Das Telefax muss zum Erscheinungsbild des Briefbogens passen.
- Stellen Sie sicher, dass das gesamte Unternehmen nur **eine** Formatvorlage für ein Telefax verwendet.
- Achten Sie auf professionelle Gestaltung des Layouts (Anschriftenfeld, Logo, Schrift, Anordnung der Gestaltungselemente, vollständige Angaben im Infoblock).

BEISPIEL FÜR DIE GESTALTUNG EINER FORMATVORLAGE FÜR EIN TELEFAX

Musterbau GmbH

Abteilung Materialwirtschaft

Königsberger Allee 105

D-68307 Mannheim

Telefon direkt: +49 621 704–1567

Telefax direkt: +49 621 704–6687

Internet: www.musterbau.de

Telefax   **Firmenlogo**

An: Name/Abteilung:

               Firma:

               Fax:

Von: Name/Abteilung:

               E-Mail: @musterbau.de

Seitenzahl: Datum:

(Betreff)

Guten Tag, Herr

Freundliche Grüße

(1. Unterschrift)   (2. Unterschrift)

Geschäftsführer: Vorsitzender des Aufsichtsrats:
Dr.-Ing. Ludwig Anders   Dr. Michael Klaschka
Peter Reinhalter   Reg.-Gericht: AG Mannheim HRB 7776
                              Ust-ID Nr. DE 345679

Bankverbindung: Dresdner Bank Mannheim (BLZ 670 800 50) 777 888 999

12 Textbausteine für verschiedene Geschäftsvorfälle

Absagen

Sie selbst haben sicher schon Absagen verschiedenster Art erhalten. Somit kennen Sie den Eindruck, den viele solcher Briefe beim Empfänger hinterlassen: fehlende Wertschätzung und Anerkennung.

Das muss nicht sein! Im Sekretariat sollten Sie viel Fingerspitzengefühl in heiklen Korrespondenzsituationen besitzen. Die Formulierung einer Absage gehört dazu! Versetzen Sie sich als Sender der Absage in die Lage des Empfängers. In vielen Fällen erwartet dieser eine Zusage. Die sachliche Gründe für die Absage spenden ihm wenig Trost. Sprechen Sie darum mit den Argumenten Ihrer Absage auch die Gefühlswelt des Empfängers an und nehmen Sie sich viel Zeit für diese Schreiben. Sie wissen nie, bei welcher Gelegenheit Sie sich wieder treffen werden! Formulieren Sie freundlich und anerkennend. Wichtig ist stets, trotz einer Absage beim Gegenüber in guter Erinnerung zu bleiben!

Vermeiden Sie Negativformulierungen!

Verzichten Sie weitgehend auf Wörter, die die Negativwirkung der Absage noch verstärken wie „leider", „unglücklicherweise", „bedauerlicherweise". Natürlich lassen sich Enttäuschungen nicht immer vermeiden, aus Rücksicht auf die Gefühle des Empfänger dürfen Sie diese Ausdrücke aber nicht zu häufig verwenden. So zum Beispiel sollte Ihr Schreiben nicht ausfallen:

- Leider muss ich Ihnen mitteilen, dass Herr Dr. XY Ihrer Einladung zum Geschäftsessen nicht nachkommen kann.

So können Sie es besser machen:

- Soeben erfuhr mein Vorgesetzter, Herr Dr. XY, dass er wegen unvorhersehbarer Ereignisse noch heute eine Geschäftsreise antreten muss. Daher ist es ihm nicht möglich, Ihre Einladung für Freitag, den 20. September 2002, wahrzunehmen. Er ist aber ab dem 1. Oktober wieder zurück und wird sich dann bei Ihnen melden. Wir wünschen Ihnen einen unvergesslichen Abend ...

Verzichten Sie unbedingt auf Floskeln!

Verwenden Sie niemals 08/15-Formulierungen wie: „Leider müssen wir Ihnen mitteilen, dass ..." Der Empfänger hat sofort das Gefühl, dass er einen lieblosen Standardbrief aus Textbausteinen bekommt. Es fehlt der persönliche Stil und darum fühlt sich der Angesprochene missachtet.

ABSAGEN AN BEWERBER

Die Gefahr, jemanden mit einer Absage zu verletzen, ist groß. Sie als Sender sollten dazu beitragen, dass sich der Bewerber trotz der Absage nicht entmutigt fühlt.

Mögliche Textbausteine

- Wir haben uns für einen Mitbewerber entschieden, der über spezielle Kenntnisse im Call-Center-Bereich verfügt. Dieser Aspekt war sehr wichtig für uns.
- Die Entscheidung ist zugunsten eines Mitbewerbers gefallen, der über spezielle Kenntnisse im Call-Center-Bereich verfügt. Dieser Aspekt hat für uns bei der Auswahl des Kandidaten höchste Priorität.
- Sie sollten unsere Entscheidung nicht auf Ihre persönliche Qualifikation beziehen.
- Wir konnten Sie nicht in die engere Wahl nehmen, da Sie bisher in einem branchenfremden Unternehmen gearbeitet haben.
- Für die ausgeschriebenen Stelle sind spezielle Kenntnisse im Bereich XY notwendig. Deshalb haben wir uns für einen Bewerber entschieden, der diese Voraussetzung erfüllt.
- Ihre Bewerbung ist uns wegen ihrer außergewöhnlich professionellen Gestaltung aufgefallen. Deshalb fällt es uns besonders schwer, Ihnen abzusagen. Wir können uns nur für Ihr Engagement bedanken.

Vielleicht können Sie dem Bewerber Alternativen anbieten?

Mögliche Textbausteine:

- Obwohl wir in diesem Fall nicht zusammenkommen können, haben wir Ihr Interesse an einer Zusammenarbeit mit uns vermerkt. Vielleicht bietet sich in Zukunft bei einer anderen Stellenausschreibung eine weitere Chance.
- Erlauben Sie uns, Ihre Unterlagen zu behalten? So können wir auf Sie zurückkommen, wenn sich die Personalsituation in unserem Unternehmen ändern sollte.
- Wir können Ihnen zu diesem Zeitpunkt zwar nicht weiterhelfen, hoffen aber auf eine neue Gelegenheit in der Zukunft. Zu diesem Zweck würden wir gerne Ihre Bewerbungsunterlagen behalten.
- Gerne notieren wir Ihr Interesse und melden uns bei Bedarf wieder.
- Wir hoffen, in Ihrem Sinne zu handeln, wenn wir Ihre Unterlagen vorerst behalten. Möglicherweise können wir Ihnen zu einem späteren Zeit-

punkt eine entsprechende Position anbieten.

ABSAGEN EINES KUNDEN-TERMINS

Da ein Treffen mit einem Kunden im Interesse Ihres Unternehmens liegt, macht eine Absage immer einen schlechten Eindruck. Wenn es gar nicht anders geht, heißt das, dass Sie besonders einfühlsam vorgehen müssen. Vergessen Sie auch hier auf keinen Fall, gute Gründe für die Absage zu nennen!

Mögliche Textbausteine

- Frau Dr. XY ist plötzlich erkrankt und kann den mit Ihnen vereinbarten Termin nicht wahrnehmen. Bitte seien Sie so freundlich, ein neues Treffen mit uns in der nächsten Woche zu vereinbaren. Vielen Dank für Ihr Verständnis!

- Es tut uns Leid, den vereinbarten Termin mit Ihnen absagen zu müssen. Herr XY ist gezwungen, eine Geschäftsreise anzutreten, würde sich aber sehr über eine neue Terminvereinbarung freuen. Ich werde Sie in den nächsten Tagen deshalb anrufen.

- Herrn XY ist es sehr unangenehm, dass er aufgrund seiner plötzlichen Erkrankung den Termin mit Ihnen nicht wahrnehmen kann. Er wird sich um ein neues Treffen bemühen, sobald er wieder gesund ist.

- Durch den unvorhersehbaren Krankenhausaufenthalt von Herrn XY ist die unangenehme Lage entstanden, dass zu dem mit Ihnen vereinbarten Termin keine Vertretung verfügbar ist. Sind Sie mit einer Verschiebung des Treffens um einige Tage einverstanden, sodass stattdessen Frau XY zu Ihnen kommen kann, oder möchten Sie warten, bis Herr XY gesund ist?

- Bitte verzeihen Sie unsere kurzfristige Absage des Termins am Freitag, dem 22. September 2002. Weger einer Familienangelegenheit musste Herr XY heute morgen für mehrere Tage Urlaub nehmen. Er ist im Unternehmen ab dem 27. September wieder zu Ihrer Verfügung. Er wird sich dann sofort mit Ihnen in Verbindung setzen und einen neuen, für Sie angenehmen Termin ausmachen.

ABSAGEN EINER GEPLANTEN FEIER, Z. B. EINER WEIHNACHTSFEIER, WEGEN SCHLECHTER GESCHÄFTSENTWICKLUNG

Wählen Sie in diesem Fall z. B. einen Betreff wie „Aufgeschoben ist nicht aufgehoben". Das zeigt, dass die Feier nicht generell gestrichen ist, und stellt die richtigen Weichen für die Zukunft. Stellen Sie eventuell in Aussicht, wann die Feier nachgeholt werden kann.

Mögliche Textbausteine

- Bei einem Auftragseingangsvolumen von ... setzen wir gerne einen neuen Termin für die Feier an.
- Bei einem Umsatz von ... Euro bis Ende November nehmen wir die Vorbereitungen für die Feier wieder auf.
- Falls die beschriebene Situation sich in den nächsten Monaten wieder ändern sollte, spricht natürlich nichts dagegen, die Feier nachzuholen.
- Wir hoffen, dass die Feier vielleicht in einem anderen Rahmen und zu einem späteren Zeitpunkt stattfinden kann, sobald sich die Lage entspannt hat.
- Vielleicht kann mit Ihrer Hilfe eine andere Möglichkeit geschaffen werden, uns doch noch zu einer ähnlichen Feier zu verhelfen.

Machen Sie Ihren Kollegen in brenzligen Situationen Mut! Motivieren Sie sie mit konkreten Lichtblicken!

Mögliche Textbausteine

- Gemeinsam schaffen wir es! Das haben Sie mit Ihrem Engagement bereits bewiesen. Jetzt heißt es: Noch drei Monate durchhalten! Danke schon jetzt für Ihre Unterstützung!
- Sie sollen wissen, dass die Absage nichts mit der von Ihnen geleisteten Arbeit zu tun hat. Im Gegenteil: Ich darf Ihnen ein ausdrückliches Lob der Geschäftsführung für Ihre Einsatzbereitschaft übermitteln.
- Die Absage fällt uns sehr schwer, zumal Sie eine Belohnung verdient hätten. Wir wollen aber nicht aufgeben und weiter an der Erreichung unseres Ziels arbeiten!

BEI ABSAGEN ALLER ART GILT GRUNDSÄTZLICH:

- Schreiben Sie positiv!
- Legen Sie Wert auf persönlichen Stil!
- Nennen Sie gute Gründe, damit der Empfänger die Absage nachvollziehen kann!
- Bieten Sie Alternativen an!
- Bedanken Sie sich für das Vertrauen des Bewerbers!

- Bitte lassen Sie sich durch den aktuellen Stand der Dinge nicht entmutigen. Mit ein wenig Geduld werden wir diese Situation sicher meistern.
- Lassen Sie sich durch diese Enttäuschung nicht irritieren. Auch dies ist eine Herausforderung, die wir bewältigen werden.

Anfragen

Die schriftliche Anfrage bietet eine gute Gelegenheit, dem Empfänger Ihre Wertschätzung zu vermitteln – dadurch gewinnen Sie seine Sympathie! Teilen Sie z. B. mit, warum Sie bei ihm anfragen: durch eine Empfehlung eines begeisterten Kunden aufgrund der guten Erfahrungen eines Geschäftspartners.

Mögliche Textbausteine

- Durch das Vertrauen, das Ihnen Ihr Kunde, Herr XY aus XY, offensichtlich entgegenbringt, ...
- Da Frau XY Ihr Produkt XY sehr gelobt hat, ...
- Wegen der überzeugenden Empfehlung von Herrn XY ...
- Herr XY, der Sie/Ihr Produkt XY sehr schätzt, hat mich neugierig gemacht auf ...
- Herr XY, Geschäftsführer der Firma XY in Tübingen, hat mehr als einmal von seinen guten Erfahrungen mit Ihrem Produkt XY berichtet.

Stellen Sie sich stets vor!

Stellen Sie sich als Unternehmer stets in einem guten Licht dar und machen Sie den anderen auf Sie neugierig.

Mögliche Textbausteine

- Wir sind Marktführer im Bereich Sensortechnologien für die Automation. Erst vor zwei Monaten haben wir die neue Fertigungsstraße der Firma XY mit unserem Komponenten ausgestattet.
- Bitte überzeugen Sie sich anhand unserer Referenzliste, dass wir für unsere Seriosität und Professionalität bekannt sind.
- Wir sind ein modernes Unternehmen mit dynamischen Mitarbeitern und hohen Zielen.
- Unser junges, tatkräftiges Team konnte sich bereits bewähren, als ...
- Unser Erfolg ist sicherlich zum großen Teil auch auf unsere einsatzbereiten Mitarbeiter und den hohen Anspruch an unsere Qualität zurückzuführen.

Formulieren Sie Ihre Anfrage detailliert!

ACHTEN SIE AUF FOLGENDE MERKMALE!

Wichtig sind:

- genaue Beschreibung des gewünschten Produktes
- Preisangabe, Rabatte
- Liefer- und Zahlungsbedingungen
- Liefertermin
- Zeitraum für die Abgabe des Angebots
- Bitte um Referenzen
- Bitte um Prospekte, Beratungsbesuch, Anruf

Bedanken Sie sich im Voraus!

Mögliche Textbausteine

- Schon heute bedanken wir uns für Ihre neuen Prospekte. Sicher finden wir bei Ihnen das passende Produkt für unsere Werbeaktion.
- Herzlichen Dank bereits vorab für Ihre Mühe.
- Für Ihre Hilfe bin ich Ihnen sehr dankbar.
- Ich hoffe sehr, in Ihrem Katalog die passenden Produkte zu finden. Haben Sie schon jetzt vielen Dank für Ihre Unterstützung.
- Über ein günstiges Angebot freue ich mich sehr und bedanke mich herzlich für die Mühe, die Sie sich bei der Recherche gemacht haben.

Angebot

Auch ein angefordertes Angebot gibt Gelegenheit, für das eigene Unternehmen zu werben. Beweisen Sie Ihre Kundenorientierung durch Freundlichkeit und Zuvorkommenheit. Dazu gehört natürlich, dass Sie dem potenziellen Kunden persönlich für seine Aufgaben danken.

Mögliche Textbausteine

- Schön, dass Sie sich für unsere Produkte XY interessieren.
- „Wir freuen uns, dass Sie so viel Gutes über unser Produkt XY gehört haben.
- Danke für das konstruktive Gespräch über XY. Herr Maier hat Ihnen unser Produkt XY als Lösung für Ihren Anwendungsfall vorgestellt. Die besprochenen Leistungen bieten wir an ...
- Ihr Interesse ehrt uns sehr.
- Vielen Dank dafür, dass Sie sich mit unseren Produkten beschäftigen wollen. Wir werden Sie sicher mit der Qualität unserer Waren überzeugen.

Beantworten Sie alle Fragen!

Halten Sie sich bei der Formulierung Ihres Angebots an die Anfrage des Kunden. Es ist selbstverständlich und zeugt von Professionalität, dass Sie alle angesprochenen Fragen des Kunden aufnehmen und beantworten.

Negatives Beispiel und positive Variante

Wie es nicht sein sollte:

- Wir freuen uns, Ihnen folgendes Angebot unterbreiten zu können …

Wie Sie es besser machen:

- Gerne bieten wir Ihnen XY an …

> Denken Sie an die Zukunft der Zusammenarbeit!

Mögliche Textbausteine

- Wenn Ihnen unser Angebot gefällt, senden wir Ihnen gerne Muster des Produkts XY zu.
- Dürfen wir Sie in den nächsten Tagen anrufen, um zu erfahren, ob Ihnen unser Angebot zusagt?
- Herr Müller ruft Sie gern in der 24. KW an, um mit Ihnen über das weitere Vorgehen zu sprechen.
- Gerne kümmern wir uns um Ihre weiteren Fragen und Anregungen.
- Haben wir alle Ihre Fragen klären können? Dürfen wir Ihnen auch unser Produkt XY vorstellen?

Entschuldigungsschreiben

Ist ein Fehler passiert, ist eine Entschuldigung sinnvoll und wünschenswert – im Privat- wie im Geschäftsleben. Eine Entschuldigung zeigt, dass das Vorgefallene dem Absender Leid tut und er sich das Versäumnis zu Herzen nimmt.

> Nennen Sie immer auch einen Grund, wenn Sie sich z. B. für eine verspätete Antwort entschuldigen!

Mögliche Textbausteine

- Bitte entschuldigen Sie, dass meine Antwort so lange auf sich warten ließ. Ich war einige Tage außer Haus und komme erst heute dazu, meine E-Mail-Flut zu bearbeiten.
- Bitte verzeihen Sie meine verspätete Antwort. Krankheitsbedingt war es mir leider nicht möglich, Ihr Schreiben früher zu bearbeiten.
- In den letzten Tagen konnte ich nur das Allernötigste erledigen. Ich bin erst am Montag von einer unvorhergesehenen Geschäftsreise nach Asien zurückgekehrt. Bitte entschuldigen Sie, dass ich Ihnen erst heute antworte.
- Die Bearbeitung hat mehr Zeit in Anspruch genommen, als wir erwarteten. Gute Arbeit braucht ihre Zeit – die Qualität war ein sehr wichtiger Aspekt für uns.

- Was lange währt, wird endlich gut – heute ist es soweit: Die ersten Ergebnisse liegen vor ...
- Ich komme gerne zu Ihnen und hoffe, Sie haben wegen meiner verspäteten Rückmeldung keine Schwierigkeiten.

Gestehen Sie Fehler ein!

Mögliche Textbausteine

- Danke, dass Sie uns auf den Fehler aufmerksam gemacht haben. Die Situation ist uns sehr unangenehm. Wir bitten Sie um Entschuldigung.
- Wir haben uns hier geirrt. Bitte verzeihen Sie, dass wir Ihnen Unannehmlichkeiten bereitet haben.
- Wir haben einen unverzeihlichen Fehler gemacht und verstehen, dass Sie verärgert sind. So etwas wird nicht mehr vorkommen.
- Bitte entschuldigen Sie unseren Irrtum. Selbstverständlich kommen wir für die Kosten auf, die Ihnen dadurch entstanden sind.
- Leider mussten wir feststellen, dass uns ein Fehler unterlaufen ist. Wir hoffen, den Schaden wieder gutmachen zu können und werden uns von nun an noch stärker um Ihre Zufriedenheit bemühen.

Ehrlich währt am längsten!

Seien Sie offen und ehrlich, wenn Sie etwas schlicht und einfach vergessen haben. Das macht Sie sympathischer, als wenn Sie dem Empfänger Ausreden auftischen.

Mögliche Textbausteine

- Bitte entschuldigen sie vielmals, ich habe vergessen, dass ...
- Ich muss gestehen, dass ich Ihr Schreiben übersehen habe. Bitte verzeihen Sie mir meine Unachtsamkeit.
- Ich habe Ihre Bitte tatsächlich vergessen, es tut mir sehr Leid.
- Es ist mir sehr unangenehm, aber ich muss zugeben, dass ich Ihr Anliegen vollkommen vergessen hatte. Ich kann Sie nur um Entschuldigung bitten.
- Unangenehmerweise habe ich in den letzten Wochen nicht an Ihre Anfrage gedacht. Bitte entschuldigen Sie meine Vergesslichkeit.

Bei erheblichen Versäumnissen mit Unannehmlichkeiten für den anderen ist eine Wiedergutmachung angebracht. Das kann ein kleines Geschenk oder eine Einladung zum Essen sein. So gewinnen Sie wieder Punkte in der Sympathie-Skala.

Mahnschreiben

Versetzen Sie sich auch hier in die Lage des anderen. Haben Sie nicht selbst schon einmal eine Rechnung übersehen, und zwar ganz ohne böse Absicht? Wie würden Sie reagieren, wenn Sie eine unfreundliche Mahnung erhalten würden? Hier ist Einfühlungsvermögen gefragt, denn schließlich soll die Geschäftsbeziehung auch im Fall einer Zahlungserinnerung nicht leiden.

Beugen Sie Aggressionen vor!

Bleiben Sie freundlich und beweisen Sie Ihre Professionalität. Vermeiden Sie spannungserzeugende Formulierungen.

Mögliche Textbausteine

- Im Stress des Alltags bleibt schon einmal etwas liegen. Haben Sie die Rechnung vom 25. März 2002 vergessen?
- Heute haben wir die Zahlungseingänge geprüft. Dabei ist uns aufgefallen, dass unsere Rechnung vom 5. Mai 2002 noch nicht beglichen ist.
- Haben Sie in der Zwischenzeit gezahlt? Dann können Sie dieses Schreiben direkt in den Papierkorb werfen. Wenn nicht, bitten wir um Begleichung bis zum 20. August 2002. Danke!
- Sicher ist es Ihrer Aufmerksamkeit entgangen, dass die Rechnung Nr. XY noch nicht beglichen wurde. Wir bitten Sie um Zahlung in den nächsten Tagen.
- Ihren Auftrag haben wir gerne, schnell und pünktlich ausgeführt. Einen Zahlungseingang konnten wir bis heute nicht feststellen. Bitte überweisen Sie den Betrag bis zum 20. August 2002 auf unser Konto XY. Es wäre schön, wenn Sie sich gleich darum kümmern könnten.
- Darf ich Sie an unsere Rechnung vom 25. März 2002 erinnern? Da Sie sie bisher noch nicht beglichen haben, haben Sie sie möglicherweise übersehen. Bitte prüfen Sie noch einmal den Vorgang!
- Bitte schauen Sie doch noch einmal in Ihren Posteingang – liegt da vielleicht noch unsere Rechnung vom 25. März 2002? Wir bitten Sie um Überweisung des Betrags auf unser Konto.

DENKEN SIE AN NOTWENDIGE UND WICHTIGE ANGABEN!

- Rechnungsnummer und -datum
- Betrag
- Fälligkeit
- Gegenstand der Rechnung

Reklamationsbearbeitung

Ein Kunde hat sich beschwert und Sie haben nun die Aufgabe, ihn zu besänftigen. In dieser für das Unternehmen unangenehmen Situation ist besonderes Einfühlungsvermögen gefragt. Ihr Kunde soll natürlich Ihr Kunde bleiben und am Ende anderen über Ihre professionelle Reklamationsbearbeitung berichten. Denken Sie an die Zahlen und Fakten, die erfolgreiche Wirkung von Kundenorientierung belegen! Sehen Sie jede Reklamation oder Beschwerde als Chance, Ihre professionelle Kundenorientierung unter Beweis zu stellen und Missstände aus dem Weg zu schaffen. Eigentlich Grund genug, dem Kunden für seine Beschwerde zu danken, oder? Erst durch Rückmeldungen von Kunden wird Ihnen Ihr Verbesserungspotenzial deutlich! Deshalb ist konstruktive Kritik grundsätzlich etwas Positives.

> Danken Sie dem Kunden für seine Information!

Mögliche Textbausteine

- Danke, dass Sie uns auf XY hingewiesen haben. Das gibt uns die Chance, unseren Service zu verbessern.
- Sie haben mit Ihren Hinweisen erheblich zur Qualitätssicherung unserer Produkte beigetragen. Dafür danken wir Ihnen.
- Herzlichen Dank für Ihre Hilfe! Durch Ihre Aufmerksamkeit haben wir einen Fehler entdeckt, der uns bisher entgangen war.
- Für Ihre Reklamation sind wir Ihnen sehr dankbar. So können wir den Fehler beheben und Sie in Zukunft hoffentlich wieder nach Ihren Wünschen bedienen.
- Es ist wichtig für uns, dass Sie uns auf den Fehler aufmerksam gemacht haben, wir werden unverzüglich darauf reagieren. Haben Sie vielen Dank!

> Zeigen Sie Verständnis für seinen Ärger!

Mögliche Textbausteine

- Ihre Reklamation geschieht natürlich zu Recht. Die Lösung der Angelegenheit hat für uns oberste Priorität.
- Wir verstehen Ihre Situation und setzen alles daran, Sie als zufriedenen Kunden zurückzugewinnen.
- Ihre Beschwerde ist verständlich. Die Abteilung XY kümmert sich bereits die Missstände zu beheben.
- Wir können Ihren Ärger gut nachvollziehen. Bitte gewähren Sie uns eine kurze Bearbeitungszeit, um den Fehler wieder gutzumachen.
- Wir bedauern Ihre missliche Lage sehr und hoffen, Ihre Zufriedenheit so schnell wie möglich wiederherstellen zu können.

Zeigen Sie Ihrem Kunden auf, was Sie bereits unternommen haben!

Versetzen Sie sich in die Lage des Kunden: Wenn Sie sich selbst beschweren, z. B. wegen einer Lieferverzögerung, erwarten Sie eine Entschuldigung, die Ihnen zeigt, dass der Lieferant die Sache ernst nimmt und es ihm Leid tut. Vor allem interessiert Sie aber wahrscheinlich, wann Sie die Ware nun definitiv erhalten. Das sollten Sie in Ihrer Antwort berücksichtigen.

Mögliche Textbausteine

- Wir haben sofort mit unserer Produktionsleitung gesprochen. Sie erhalten die Ware am 12. September 2002 per Kurier.
- Bitte geben Sie uns zur vollständigen Klärung der Angelegenheit noch bis zum 12. September 2002 Zeit.
- Die endgültige Abwicklung des Vertrages kann ich Ihnen leider erst zum 12. September 2002 garantieren.
- Ich kann Ihnen die Lieferung bis spätestens zum 12. September 2002 versprechen. Wir bemühen uns um einen früheren Termin.
- Ich muss Sie noch um Geduld bis zum 12. September 2002 bitten.

Vertrösten Sie Ihren Kunden bei längere Bearbeitungszeit mit einem Zwischenbescheid!

Ist schon abzusehen, dass die Bearbeitung der Reklamation noch einige Zeit in Anspruch nimmt, lassen Sie den Kunden auf keinen Fall warten. Zeigen Sie ihm durch einen Zwischenbescheid, dass seine Reklamation bereits bearbeitet wird. Sie gewinnen dadurch Zeit und können sich mit mehr Ruhe der Bearbeitung der Beschwerde widmen.

Mögliche Textbausteine

- Bitte haben Sie Verständnis dafür, dass wir Ihnen erst in KW 25 eine definitive Lösung anbieten können. Wir benötigen noch etwas Zeit für die Recherche.
- Wir möchten die Angelegenheit nicht unter Zeitdruck entscheiden. Nur so können wir für eine Lösung garantieren, die beide Seiten zufrieden stellt.
- Um die Einzelheiten zu prüfen, benötigen wir noch einige Tage Zeit. Sie erhalten spätestens bis zum 15. Februar 2002 eine detaillierte schriftliche Antwort.
- Die Angelegenheit ist uns sehr wichtig. Wir möchten allerdings nicht überstürzt reagieren und bitten Sie daher, uns für einen Lösungsvorschlag noch zwei Wochen Zeit zu geben.

Einen Zwischenbescheid können Sie auch dazu nutzen, noch fehlende Informationen vom Kunden anzufordern.

> Prüfen Sie nach erfolgreichem Abschluss der Reklamation die Zufriedenheit des Kunden!

Mögliche Textbausteine

- Sind Sie zufrieden mit der Lösung? Können wir noch etwas für Sie tun?
- Wir hoffen, dass Sie wieder mit uns zufrieden sind. Wir setzen alles daran, dass unsere Geschäfte in Zukunft reibungslos ablaufen.
- Wir freuen uns über weitere Anregungen zu unseren Leistungen.
- Ihre Zufriedenheit ist unser Ziel. Bitte teilen Sie uns mit, wenn wir Ihnen noch weiter behilflich sein können.
- Um die Bereinigung des Vorfalls haben wir uns nach Kräften bemüht. Haben Sie weitere Anregungen für unseren Service?

13

Musterbriefe

Musterbriefe für verschiedene Geschäftsvorfälle

BESUCHSANMELDUNG

Geplante Zusammenarbeit im Bereich E-Business

Guten Tag, Herr Dr. Kegel,

wir haben uns sehr über Ihre Einladung gefreut. Herr Dr. Schirm wird am

Montag, dem 9. September 2002, gegen 11 Uhr

bei Ihnen eintreffen. Bitte reservieren Sie vom 8. bis 9. September ein Einzelzimmer in einem Hotel in Firmennähe.

Eine Reservierungsbestätigung und eine Wegbeschreibung wären sehr hilfreich für uns. Herzlichen Dank für Ihre Unterstützung.

Herr Dr. Schirm freut sich schon jetzt auf das Gespräch mit Ihnen!

Freundliche Grüße aus Mannheim

i. A. Kirsten Häffner
(Sekretariat Dr. Schirm)

LIEFERVERZUG

Ihre Bestellung vom 15. März über 20 Kabeldosen

Guten Tag, Herr Kemper,

herzlichen Dank für das Vertrauen, das Sie uns mit Ihrer Bestellung entgegengebracht haben.

Es tut uns Leid, dass sich gleich beim ersten Auftrag die Lieferung verzögert. Unser Zulieferer versprach uns aber die Teile für Ende dieser Woche. Wir setzen alles daran, dass die Ware am Dienstag, den 14. Mai 2002, unser Haus verlässt.

Damit wir die genaue Uhrzeit für die Anlieferung vereinbaren können, melden wir uns rechtzeitig noch einmal bei Ihnen.

Freundliche Grüße aus Regensburg

i. V. Monika Sutter

ÄNDERUNG DES LIEFERTERMINS

Ihre Bestellung vom 1. April 2002 Schreibtisch „Century"

Guten Tag, Frau Köhler!

Sie wissen, dass wir einen hohen Qualitätsanspruch an uns selbst haben – und Qualität benötigt manchmal etwas mehr Zeit. Von dieser Qualität profitieren auch Sie als Kunde.

Unser Lieferant der hochwertigen Schreibtischserie „Century" hat uns informiert, dass aufgrund von Personalengpässen die Lieferung erst Anfang Juli erfolgen kann.

Wenn Ihnen diese Verzögerung Schwierigkeiten bereiten sollte, rufen Sie uns an. Wir werden gemeinsam eine Lösung finden.

Herzliche Grüße aus Frankfurt

ppa. Wilfried Haas

Geht es um eine für die Produktion eines Unternehmens relevante Ware, könnte man folgendermaßen formulieren:

- Damit Sie weiterhin produzieren können, schlagen wir Ihnen folgende Lösung vor …

UNTERLAGENVERSAND

Meier & Co. stellt sich vor
Ihre Anfrage vom 5. April 2002 zu unseren Produkten

Guten Tag, Herr Strippel,

danke für Ihr Interesse an unserem Lieferprogramm. Vor Ihnen liegt jetzt unser Gesamtkatalog. Schauen Sie doch einfach mal rein!

Nutzen Sie unser Wissen und unsere Erfahrungen für Ihre individuellen Bedarfsfälle und sprechen Sie uns an. Wir sind gern für Sie da!

Freundliche Grüße nach Sinsheim

i. A. Helena Chrobak

Briefe zu besonderen Anlässen

Kondolenzschreiben

Diese Art Briefe verfasst niemand gern. Dabei können gerade Kondolenzschreiben für die Hinterbliebenen eine große Hilfe sein. Auch ein nur sehr kurzes Schreiben ist besser als gar kein Zeichen der Anteilnahme.

Folgende Punkte sollten Sie unbedingt beachten:

- Bringen Sie Ihre ganz individuelle Betroffenheit zum Ausdruck!
- Informieren Sie sich vorher über die Umstände des Todes!
- Vermeiden Sie übertriebene Lobeshymnen!
- Die Formulierung „Trauerhaus" in der Anrede ist nicht mehr zeitgemäß, wählen Sie z. B.: „Familie Schneider" oder „Frau Karin Schneider und Kinder".
- Ziehen Sie den Privatbriefbogen der Trauerkarte vor.
- Die handschriftliche Form ist bei persönlichen Kontakten richtig.
- Bitte verwenden Sie keinen Fensterbriefumschlag!

Briefbausteine

Beispiele für den gelungenen Einstieg:

- Zum überraschenden Tod Ihres Mannes versichern wir Ihnen unser tiefstes Mitgefühl.
- Vom Tod Ihres Mannes haben wir mit Bestürzung erfahren.
- Zum plötzlichen Tode Ihres Mannes sprechen wir Ihnen im Namen aller Firmenangehörigen unser tiefstes Beileid aus.
- Die Nachricht vom Tod Ihres Sohnes erfüllt uns mit aufrichtiger Trauer. Wir sprechen Ihnen unsere tiefe Anteilnahme aus.
- Schwere Wochen liegen hinter Ihnen. Es ist immer schwer, Abschied zu nehmen, besonders von den Eltern.
- Mit Bestürzung mussten wir den überraschenden Tod Ihrer Tochter zur Kenntnis nehmen.
- Mit der Nachricht vom Tode Ihres Mannes ist uns bewusst geworden, wie schmerzlich dieser Einschnitt für Sie sein muss.
- Ihnen und Ihrer Familie gilt unser Mitgefühl.

Hauptteil

- Er war für uns nicht nur ein kompetenter Partner, sondern auch ein Mensch, dem wir vertrauen konnten.

- Wir haben Ihren Mann als verständnisvollen Kollegen und kompetenten Vorgesetzten geschätzt.
- Mit Ihnen trauern wir um eine außergewöhnliche Persönlichkeit, die wir nie vergessen werden.
- Es fällt uns schwer, an eine Zukunft ohne ihn zu denken.
- Wir werden ihn nicht vergessen und seinen fachkundigen Rat sehr vermissen.
- Mit seiner Begeisterung und Freude an der Arbeit war er immer ein Vorbild für uns. Besonders in schwierigen Zeiten zeigte er Durchsetzungsvermögen und verlor niemals das Ziel aus den Augen.

Schluss

- Wir sind dankbar, dass wir sie gekannt haben.
- Ich wünsche Ihnen viel Kraft für die nächste Zeit. Sollten Sie in irgendeiner Form Hilfe benötigen, so wenden Sie sich bitte vertrauensvoll an mich.
- Wir wünschen Ihnen etwas von der Lebenskraft, die er uns in den letzten Jahren geschenkt hat.
- Das kostbarste Vermächtnis eines Menschen ist die Spur, die seine Liebe in unserem Herzen hinterlassen hat. In diesem Bewusstsein wünschen wir Ihnen viel Kraft für die Zukunft.

- In tiefer Verbundenheit
- Wir trauern mit Ihnen
- Mit stillem Gruß
- Es fühlt mit Ihnen …

Glückwünsche

Glückwünsche sollten immer zum Zeitpunkt des Ereignisses – nämlich rechtzeitig – beim Empfänger eintreffen. Benutzen Sie dazu Geschäftsbögen ohne Bankverbindung und ohne Informationsblock. Eine gute Lösung ist auch, die zweite Briefseite (nur mit Logo) zu verwenden.

Firmenjubiläum eines Geschäftspartners

Textbausteine

- Der Firma XY ist es gelungen, die Probleme der Nachkriegszeit zu meistern. Sie sind zu einem zukunftsorientierten Unternehmen geworden, das sich den Herausforderungen der heutigen Zeit stellt und sie erfolgreich bewältigt.
- Wir sind stolz, dass wir Sie auf Ihrem Weg Ihrer 50-jährigen Firmengeschichte ein ganzes Stück begleiten durften.
- Zu Ihrem Geschäftsjubiläum unsere herzlichsten Glückwünsche! Gerne bedanken wir uns bei dieser Gelegenheit für die sehr angenehmen und immer vertrauensvollen geschäftlichen Beziehungen in den letzten Jahren.

- Vieles in Ihrem Unternehmen trägt Ihre Handschrift ...
- Auch für die weitere Zusammenarbeit mit Ihnen freuen wir uns! Gerne nehmen wir weitere große Projekte mit Ihnen in Angriff.
- Mit Stolz können Sie auf ein Unternehmen blicken, das sich auch in schwierigen Zeiten immer weiter entwickelt hat.
- Sie haben es geschafft, dass das Unternehmen Herbert Müller in der Region für viele ein attraktiver Arbeitgeber geworden ist.
- Mit den besten Wünschen für eine weitere erfolgreiche Entwicklung Ihres Unternehmens ...

Glückwünsche zum persönlichen Jubiläum

Textbausteine

- Wir gratulieren herzlich zu diesem seltenen Jubiläum! Nächste Woche gehören Sie 40 Jahre zu unserem Unternehmen. Wir danken für die jahrelange Treue und Ihre guten Ideen, die uns stets ein Stück weiter gebracht haben.
- Auf die weitere Zusammenarbeit mit Ihnen freue ich mich. Ich wünsche Ihnen, dass Ihnen Ihre Schaffenskraft und Energie noch lange erhalten bleiben.

- Sie sind ein Geschäftsführer, um den uns andere beneiden. Wir wünschen uns, dass Sie die Firma noch lange mit Ihrem Durchsetzungsvermögen und Ihrer Offenheit Neuem gegenüber leiten!
- Herzliche Glückwünsche zum Erreichten und viel Erfolg bei allen zukünftigen Projekten!

Schreiben zum Ruhestand eines Mitarbeiters

Textbausteine

- Der Abschied vom Arbeitsleben ist immer ein Anlass zurückzublicken, sich an Erreichtem zu freuen und für die Zukunft neue Pläne zu schmieden.
- Sie sind zu beneiden – für Sie beginnt ein neuer Lebensabschnitt mit viel Zeit für Ihr Privatleben und Ihre zahlreichen Hobbys.
- Ruhestand oder Unruhestand? Ich wünsche Ihnen von beidem etwas, denn auch wenn es nun weniger hektisch zugeht, wäre es schade, wenn Sie mit Ihrer Lebensfreude und Energie nicht noch neue Herausforderungen annehmen würden.
- Eine stabile Gesundheit und viel Glück sollen Sie in den nächsten Jahren begleiten.
- Glückliche Menschen gehen in ihrer Arbeit auf, niemals unter. Dieses

Motto hat Sie all die Jahre immer begleitet ...

- Ich wünsche Ihnen, dass Sie gerne an Ihre Zeit in unserem Unternehmen zurückdenken und sich nun mit mehr Muße Ihrer Familie widmen können.
- In der Hoffnung, dass sich unsere Wege auch noch außerhalb der Werksgrenzen kreuzen ...
- Ein herzliches Dankeschön an Sie für die jahrelange, vertrauensvolle Zusammenarbeit. Möge Ihr neuer Lebensabschnitt für Sie und Ihre Familie keine Zeit des Stillstandes sein.

Glückwünsche zur Hochzeit

Ein Firmenschreiben zu einer Hochzeit sollte Freude ausdrücken. Tiefsinnige Gedanken und gute Ratschläge haben hier nichts zu suchen. Gratulieren Sie zeitgemäß. Verwenden Sie nicht das Wort „Vermählung", sondern „Hochzeit" oder „Heirat".
In der zeitgemäßen Form kann man die Anrede „Brautpaar" oder „Eheleute" in der Anschrift weglassen, wenn beide Vornamen bekannt sind. Schreiben Sie: Brigitte und Reiner Maier. Die Adresse erscheint nicht auf dem Briefbogen. Der Brief beginnt mit der Anrede.
Stellen Sie z. B. Ihr Schreiben unter ein Motto:

- Die Ehe ist die kleinste Form des Teams.

- Wer einen hohen Turm bauen will, muss lange am Fundament verweilen.
- Die Liebe lebt von liebenswürdigen Kleinigkeiten. (Theodor Fontane)

Wenn Sie ein Geschenk mitschicken, nehmen Sie darauf Bezug:

- Wir wissen, dass Sie beide gerne guten Rotwein trinken. Genießen Sie den edlen Tropfen in aller Ruhe, wenn Sie von der Hochzeitsreise zurück sind – als Auftakt für einen gelungenen Ehealltag.

Auch Humor ist eine nette Beigabe, wenn er zu den Angesprochenen passt.

- Auch die Ehe braucht ab und zu eine neue TÜV-Plakette. Vergessen Sie deshalb den regelmäßigen Check-up nicht.

Textbausteine

- Wir wünschen Ihnen ein rauschendes Fest, das Sie und Ihre Gäste noch lange in Erinnerung behalten.
- Eine lebendige, glückliche und stabile Partnerschaft möge sich für Sie erfüllen. Alles Gute für eine gemeinsame Zukunft wünscht ...
- Romantische Flitterwochen sollen der perfekte Start für Sie beide in das Unternehmen Ehe sein.

- Ich wünsche Ihnen, dass Ihr Hochzeitstag für Sie zu einem unvergesslichen Erlebnis wird. Mögen sich alle Ihre Erwartungen in einer stabilen und glücklichen Ehe erfüllen. Und: Werfen Sie nicht gleich die Flinte ins Korn, wenn es mal kriselt.

Glückwünsche zum Geburtstag

Geschäftspartnern zum Geburtstag zu gratulieren gehört zu den Aufmerksamkeiten, die in Erinnerung bleiben und Kontakte festigen.
Vergessen Sie antiquierte Floskeln!
So nicht:

- Wir möchten die Gelegenheit wahrnehmen ...
- ... uns in die Schar der Gratulanten einreihen ...

TIPP

Es gilt: Je persönlicher desto besser!

Versuchen Sie, so originell wie möglich, den Tag zu würdigen:

Nehmen Sie z. B. Bezug auf Hobbys:

- *Bei einem PC-Freak:* Möge Ihre Festplatte jedem Virus standhalten. Vergessen Sie nicht Ihr regelmäßiges Back-up ...
- *Beim Segelfan:* Fehlt's am Wind, greif zum Ruder ...

Spielen Sie auf besondere Charaktereigenschaften an:

Wenn du langsamer fährst, dann siehst du mehr – wir wünschen Ihnen für das nächste Lebensjahr alle Ruhe und Muße, die Sie sich wünschen. Vielleicht bringt Sie unser kleines Präsent, „Die Kunst des süßen Nichtstuns" auf gute Gedanken ...

Nehmen Sie Bezug auf die Jahreszahl:

Mit 19 ist eine Frau entzückend,
mit 29 ist eine Frau bewundernswert,
mit 39 ist eine Frau unwiderstehlich –
und älter als 39 wird keine Frau, die einmal unwiderstehlich war.

Nehmen Sie Bezug auf besondere Vorlieben:

Wir haben gehört, Sie lieben Rosen über alles. Deshalb überreichen wir Ihnen heute diesen Strauß und hoffen, dass Sie viel Freude damit haben werden.

Eine andere gute Idee ist, eine Chronik über das Geburtsjahr des Jubilars zu verfassen, aus der Sie bestimmte Ereignisse herauspicken, die besonders bedeutend für seinen Lebensweg waren. Wenn Sie ein Geschenk mitschicken, gehen Sie nur mit einem Satz darauf ein.

Runde Geburtstage, z. B. 50.

In der Mitte des Lebens zieht man gerne Bilanz, schaut zurück auf das Erreichte und legt neue Ziele für die Zukunft fest. Für die zweite Hälfte wünschen wir Ihnen noch viele neue Entdeckungen ...

Weitere allgemeine Textbausteine

- Für die Bewältigung der Herausforderungen der nächsten Jahre wünsche ich Ihnen eine glückliche Hand.

- Erhalten Sie sich Ihre Gelassenheit und die Fähigkeit, auch in hektischen Zeiten einen kühlen Kopf zu bewahren.
- Mit Ihrem Humor und Ihrer enormen Tatkraft haben Sie dieses beneidenswerte Alter erreicht – bleiben Sie so, wie Sie sind.
- Viele glückliche Augenblicke für das nächste Lebensjahr wünscht ...

14

Professionell E-Mails formulieren

Bedeutung einer E-Mail

Viele konventionelle Geschäftsbriefe fallen heute weg, weil die E-Mail zu einem der am meisten benutzten Internetdienste geworden ist. Sie ist **das** Kommunikationsmedium in der Businesswelt!

Vorteile der elektronischen Post sind:

- Übermittlung von Nachrichten in knapper Form.
- Sie erreicht viele Empfänger gleichzeitig – in kürzester Zeit, gleich an welchem Ort dieser Welt.
- Sie ermöglicht sofortiges Antworten durch Klicken auf den Antwortbutton.
- Sie kann sofort an andere Gruppen oder einzelne Personen als „cc"weitergeleitet werden.
- Man kann umfangreiche Dateien als Anhang in kürzester Zeit verschicken.

Natürlich gibt es auch Nachteile

Gerade im Sekretariat des 21. Jahrhunderts gilt die Informationsflut mittlerweile als größter Zeiträuber. Die Bearbeitung der E-Mails nimmt immer mehr Zeit in Anspruch, die dann oft an anderer Stelle fehlt. So passiert es, dass der elektronischen Post nicht die Sorgfalt gewidmet wird wie der Briefpost. Rechtschreibfehler, unvollständige Angaben wie fehlender Betreff oder fehlende Telefonnummer oder Postanschrift sind an der Tagesordnung.

Vergessen Sie nie: Auch die elektronische Geschäftspost verlangt einen gewissen Businessstandard! Seit November 2001 gibt es in der DIN 5008 auch Regelungen für die geschäftliche Korrespondenz per Mail – jedoch nur für die externe Korrespondenz, nicht für die interne.

Die wichtigsten Regeln für die Form

- Die E-Mail wird einzeilig geschrieben.
- Genau wie im Brief wird der Text in sinnvolle Absätze gegliedert, die durch jeweils eine Leerzeile getrennt werden.
- Die Anrede ist ein Muss! Sie wird vom folgenden Fließtext durch eine Leerzeile getrennt.
- Der Abschluss der E-Mail besteht aus:
  - Grußformel
  - Firmennamen
  - Namen des Absenders
  - Kontaktangaben (E-Mail-Adresse, Telefon, Telefax, Internet) jeweils durch eine Leeerzeile getrennt *(siehe auch Signatur)*

Aufbau einer E-Mail

- Füllen Sie die erste **Zeile** mit dem Wörtchen „**an**" mit dem Hauptempfänger aus.
- **Zeile CC:** (Carbon Copy = Durchschlag): Hier tragen Sie alle Empfänger ein, die die E-Mail als Kopie erhalten sollen.
- **BCC:** (Blind Carbon Copy) Hier stehen die Empfänger, die zwar eine Kopie erhalten, aber nicht in der Empfängerliste sichtbar sein sollen. Überlegen Sie genau, ob Sie Blind Copys verwenden wollen und wie dies auf den Empfänger wirkt.
- **Betreff:** Sollte kurz, prägnant und informativ sein – der Empfänger muss sofort wissen, worum es geht.
Ein eindeutiger Betreff ist auch hier wichtig für die spätere Einsortierung in die elektronische Ablage. Handelt es sich um eine sehr wichtige und eilige Mail, können Sie dies im Betreff erwähnen.

Wie formulieren Sie den Text?

Genauso wie mit einem Brief geben Sie mit Ihrer E-Mail einen ersten Eindruck Ihres Unternehmens und Ihre persönliche Visitenkarte ab.

Also achten Sie unbedingt auf Professionalität:

- korrekte Schreibweise
- ansprechendes Layout
- professioneller und moderner Schreibstil
- richtiger Einsatz der Gestaltungselemente

> Schreiben Sie kurz, aber informativ!

Was ist anders bei der E-Mail als beim Brief?

Es ist bei E-Mails schwieriger für das Auge, lange Texte zu erfassen. Wenn Sie merken, die E-Mail wird zu lang, schreiben Sie lieber zwei, drei erklärende Sätze und schicken Sie dem Empfänger den Text als Anlage.

Sie haben bei einer E-Mail nicht die Möglichkeit einer persönlichen Unterschrift. Fast alle E-Mail-Programme bieten die Gelegenheit, eine so genannte Signatur einzurichten. Das heißt, dass nach jedem E-Mail-Text automatisch Ihre eigene Signatur mit den wichtigsten Angaben für die Kontaktaufnahme erscheint.

Auch hier gilt: Machen Sie es dem Empfänger so einfach wie möglich, mit Ihnen in Kontakt zu treten! Beweisen Sie auch bei der elektronischen Post Kundenorientierung!

Entwicklung einer E-Mail-Kultur

Wichtig ist, allen Mitarbeitern den professionellen Umgang mit E-Mails so einfach wie möglich zu machen. Kommunizieren Sie die wichtigsten Regelungen für das Verfassen von E-Mails in Ihrem Unternehmen! Stellen Sie die Informationen z. B. ins Intranet, sodass jeder Mitarbeiter sich an einer Stelle seine Informationen abholen kann.

WAS SOLLTEN SIE BEIM VERFASSEN VON PROFESSIONELLEN E-MAILS BEACHTEN?

- Jedes Schriftstück, das die Firma verlässt, sollte wie eine Werbung behandelt werden – auch die elektronische Post!!

- Geben Sie einen aussagekräftigen Betreff in Ihrer Mail an.

- Verwenden Sie immer eine Anrede und einen netten Gruß für den Empfänger.

- Gebrauchen Sie kurze und prägnante Formulierungen statt langer Endlosnachrichten.

- Sorgen Sie immer für einen korrekten, freundlichen Ton in Ihren Formulierungen.

- Bei E-Mails gilt genauso das Prinzip der Textpsychologie wie beim Brief!

- Achten Sie auf die Rechtschreibung!

- Geben Sie Ihren Absender vollständig an.

- Verwenden Sie eine einheitliche E-Mail-Signatur mit Ihren KollegInnen im Unternehmen, um die Corporate Identity zu bewahren.

- Sorgen Sie für einen klaren, einheitlichen Aufbau.

- Bieten Sie die Möglichkeit, direkt zu antworten.

- Verschicken Sie keine unnötigen E-Mails!

- Lesen oder veröffentlichen Sie niemals private Nachrichten oder Materialien anderer, ohne vorab eine Erlaubnis eingeholt zu haben.

WAS SOLLTEN SIE BEI ATTACHMENTS BEACHTEN?

- Achten Sie darauf, dass Ihre Mail mit Attachment dem Adressaten nützt.

- Führen Sie gleich am Anfang der Mail auf, worum es geht und warum der Empfänger das Attachment der Mail lesen soll.

- Wählen Sie den richtigen Zeitpunkt zum Verschicken.

- Kündigen Sie sehr umfangreiche Anhänge im Begleittext der E-Mail oder im Betreff an.

- Vermeiden Sie Anhänge, wenn sie nicht erforderlich sind.

Beispiele für professionelle E-Mail-Signaturen

Kirsten Häffner
Sekretariat Vertrieb international

Hermann Schneider GmbH
Industriestraße 65
D-68307 Mannheim
Tel.: +49 621 866–1349
Fax: +49 621 866–1667
khaeffner@schneider.de
www.schneider.de

Schneider weiß, was Kunden wünschen!

Eine gute Möglichkeit für die PR in der E-Mail-Korrespondenz: Den Slogan des Unternehmens ans Ende setzen – so prägt er sich beim Empfänger besser ein.
Dem Leser wird es leicht gemacht, mit dem Sender in Kontakt zu treten – durch einfaches Anklicken der E-Mail-Adresse ist er mit ihm verbunden.

15

Erfolgreiche Mailings

Professionelles Formulieren von Anschreiben

Gute Mailings zu formulieren ist nicht einfach. Werbewirksam die richtige Zielgruppe ansprechen – das ist eine Kunst für sich.

Grundsätzlich gelten für Mailings, also Werbebriefe, die gleichen Gesetze wie bei normalen Geschäftsbriefen. Was bei Mailings jedoch ganz besonders wichtig ist, ist die **richtige Wortwahl** – ein Thema für die Sprachpsychologie.

Werbebriefe sind meist schlecht formuliert und landen deshalb im Papierkorb. Allein durch die falsche Wortwahl setzen Unternehmen alljährlich Millionen Euro in den Sand.

Die Formulierung hängt von der

- Unternehmenskultur,
- der Zielgruppe und
- dem Anlass des Mailings

ab.

BEACHTEN SIE!

- Formulieren Sie ein Mailing nie so, dass es wie ein Massenbrief wirkt. Ein Mailing sollte wie eine **persönliche** Einladung zu einem Event/Messebesuch/Testen eines Produkts o.Ä. wirken und nicht nur wie ein Mittel zur Kundenwerbung. Machen Sie Lust auf die Teilnahme!

- Verwenden Sie keine Begriffe, die schon längst ihre Wirkung verloren haben, weil sie überall zu lesen sind: „Wir stehen Ihnen zur Verfügung" – wofür? – natürlich „für weitere Fragen", und das „selbstverständlich gerne". Floskeln wie diese sind tabu! Sprache ohne individuelle Aussage bleibt ohne Wirkung. Positive Stimmung erreichen Sie, indem Sie den Empfänger umwerben.

- Konzentrieren Sie sich nicht auf Ihr Anliegen, das des Absenders. Das Mailing muss das Interesse des Empfängers treffen! Versetzen Sie sich in die Lage des Lesers: Welches sind seine Wünsche, Ziele und Träume und auch Ängste? Vermitteln Sie Wertschätzung.

- Der Ton der Einladung muss zur Zielgruppe passen. Eine Einladung zur Eröffnung einer neuen Bankfiliale sieht anders aus als die Einladung in die Büros eines IT-Servicecenters.

- Verwenden Sie eine bildhafte Sprache, das bewirkt genaue Vorstellungen vom Produkt/von der Veranstaltung in den Köpfen der Leser und weckt ein bestimmtes Wunschdenken.

Bausteine, auf die es ankommt

In Sekunden entscheidet der Leser, ob er ein Mailing überhaupt öffnet. Gestalten Sie Ihr Mailing nie so, dass es als eindeutiger Werbebrief zu identifizieren ist. Es ist z. B. werbewirksamer und wirkt persönlicher, wenn **Briefmarken** statt eines Freistempleraufdrucks verwendet werden. Adressaufkleber verstärken den Eindruck der Massendrucksache.

WICHTIG!

- Legen Sie allergrößten Wert auf die **richtige** und **vollständige Adresse.**

- Recherchieren Sie den **richtigen Ansprechpartner** und sprechen Sie ihn in korrekter Schreibweise an!

- Der **Betreff** ist ein entscheidender Baustein! Formulieren Sie ihn möglichst aussagekräftig und wecken Sie das Interesse des Lesers!

- Die **Anrede** sollte **persönlich** formuliert sein (nicht „Sehr geehrte Damen und Herren") und vor allem korrekt! Viele Fehlerquellen, gerade bei Serienbriefen (Herr statt Frau) sind zu berücksichtigen.

- Zu viele **Hervorhebungen** vermindern die Konzentration und den Blick auf das Wesentliche.

- Legen Sie Wert auf die **Aufmachung** (Papierqualität, das professionelle Layout und ein gutes Design).

- Über welches **Medium** laden Sie ein? Ein Blatt Papier in der Hand drückt einfach mehr Persönlichkeit und Wertschätzung aus als eine Nachricht in elektronischer Form. Im Zeitalter der Informationsflut ragt ein persönlicher Brief mehr aus der Masse, als eine unpersönliche Massendrucksache, und sei sie auch noch so professionell aufgemacht.

- Achten Sie ganz besonders auf das **AIDA-Prinzip** (siehe Kapitel 6) und das Leseverhalten des Empfängers (vgl. S-Blick)!

- Für die Länge gilt: Nicht mehr als **eine DIN-A4-Seite** beschreiben.

- Für den Inhalt gilt die **KISS-Formel:** Keep it simple and stupid!

Wie Sie die Rücklaufquote Ihrer Mailings erhöhen

Ziel eines Mailings ist, so viele Antworten wie möglich zu erhalten.

Oberstes Gebot: Machen Sie es dem Empfänger so einfach wie möglich, zu antworten

Zum Beispiel mit **Antwortfaxen** oder **Antwortkarten.**

Diese Antwortkarten und -faxe sollten mit derselben Professionalität erstellt werden wie die Gestaltung des Textes selbst.

Adressdatenbank immer auf dem neuesten Stand halten

Kennen Sie die Situation? Sie erhalten einen Brief mit der Anschrift eines Kollegen, der die Firma schon vor fünf Jahren verlassen hat. Peinlich für den Absender! Wenn schon die Bearbeitung der Adressdatenbank zu wünschen übrig lässt, welchen Schluss lässt das auf die Produktqualität des Unternehmens zu?

Gezielt adressieren

Außer der Firmenanschrift sollte auch der Vor- und Zuname sowie die Abteilung im Anschriftenfeld stehen.

Investieren Sie genug Zeit, den richtigen Ansprechpartner herauszufinden. Falls das nicht gelingt, adressieren Sie Mailings nicht einfach an die Geschäftsleitung.

Dort kommt so viel Post an, die nicht für die Geschäftsleitung bestimmt ist, dass die Wahrscheinlichkeit, dass das Mailing im Papierkorb landet, sehr hoch ist.

Wie Sie mit Sprache Werbung für sich machen

BEISPIELE AUS DER PRAXIS

Beispiel 1:

„Gut kombiniert" – Was heißt das für Sie?

Guten Tag, Herr Kneiding,

„Gut kombiniert" ist die Hannover Messe 2002, die weltweit einzigartige Kombination von sieben Fachmessen. Die ideale Kombination von Produkten für die Automation in den wichtigsten Industriebranchen finden Sie bei Schneider & Co. und den Branchenmix können Sie bei uns sogar als Cocktail genießen!

Kombinieren Sie doch Ihren Messebesuch mit einer Beratung auf unserem Messestand in Halle 10, Stand 67. Informieren Sie sich über die Highlights des Jahres.

Und: Als Sieger unseres Gewinnspiels können Sie selbst kombinieren: Ihr persönliches Menü bei einem der TOP-Gourmetköche Deutschlands – ein Erlebnis für die Sinne!

Für diese Einladung erhalten Sie auf unserem Stand eine Überraschung, mit der Kombinieren richtig Spaß macht.

Wann besuchen Sie uns? Wir freuen uns auf Sie!

Herzliche Grüße aus Mannheim

Unterschrift

PS: Lassen Sie uns gemeinsam am Montag bei unserem Standabend ein frisch gezapftes Bier genießen!

So kann die Antwortseite aussehen: **Fax-Antwort an**
+49 621 866–1436
oder per E-Mail an:
hmi2002@schneider.de

☐ Ja, ich werde die Hannover Messe Industrie 2002 am ... April 2002 besuchen.

☐ Ja, ich werde Ihren Standabend besuchen.

☐ Senden Sie mir bitte einen Messegutschein zu.

☐ Nein, ich kann leider nicht zur Messe kommen.

☐ Schicken Sie mir bitte aktuelle Informationen über die neuen Schneider-Highlights!

SO NICHT!

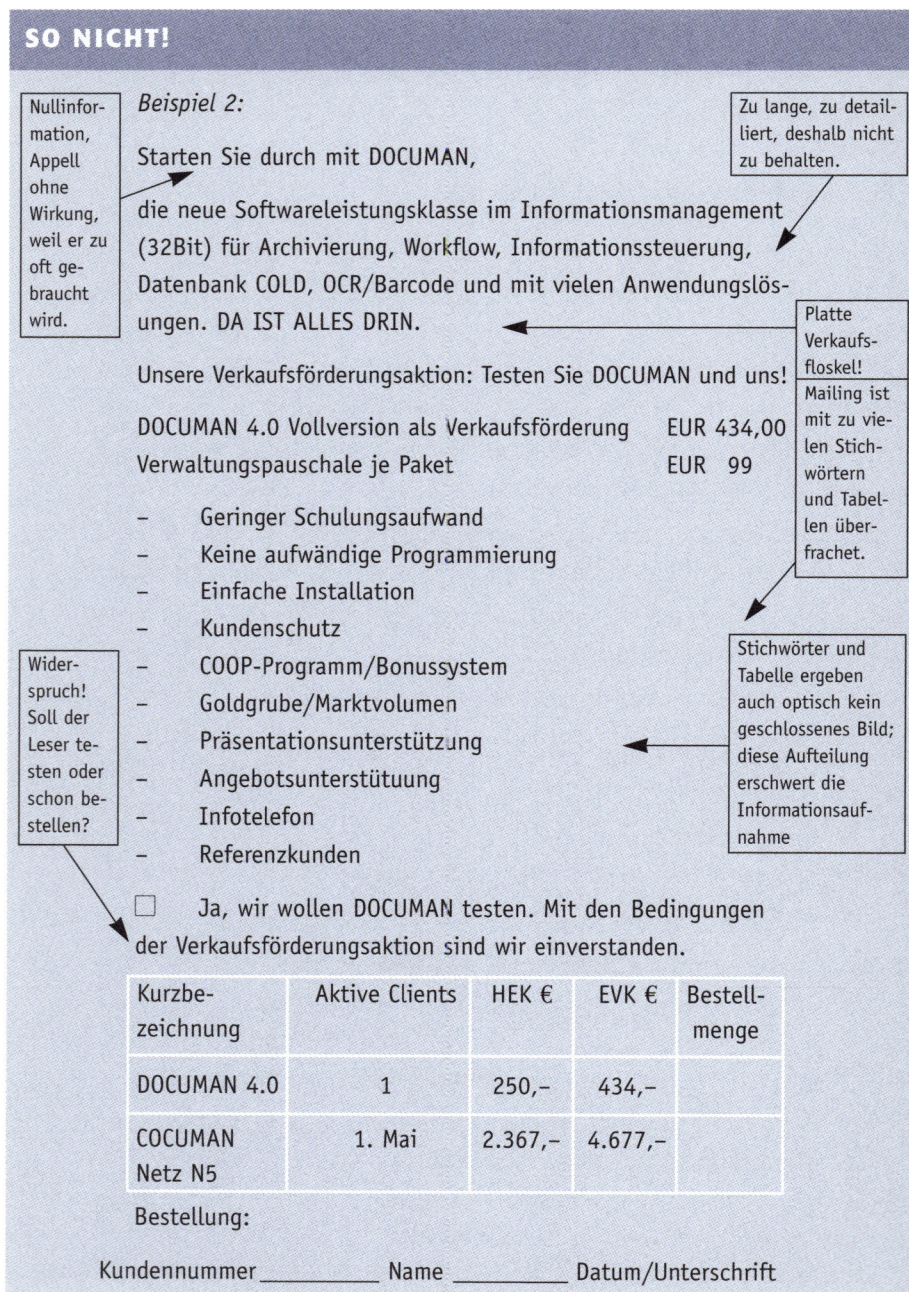

Nullinformation, Appell ohne Wirkung, weil er zu oft gebraucht wird.

Beispiel 2:

Starten Sie durch mit DOCUMAN,

die neue Softwareleistungsklasse im Informationsmanagement (32Bit) für Archivierung, Workflow, Informationssteuerung, Datenbank COLD, OCR/Barcode und mit vielen Anwendungslösungen. DA IST ALLES DRIN.

Zu lange, zu detailliert, deshalb nicht zu behalten.

Platte Verkaufsfloskel!

Unsere Verkaufsförderungsaktion: Testen Sie DOCUMAN und uns!

DOCUMAN 4.0 Vollversion als Verkaufsförderung   EUR 434,00
Verwaltungspauschale je Paket   EUR 99

Mailing ist mit zu vielen Stichwörtern und Tabellen überfrachtet.

- Geringer Schulungsaufwand
- Keine aufwändige Programmierung
- Einfache Installation
- Kundenschutz
- COOP-Programm/Bonussystem
- Goldgrube/Marktvolumen
- Präsentationsunterstützung
- Angebotsunterstütuung
- Infotelefon
- Referenzkunden

Widerspruch! Soll der Leser testen oder schon bestellen?

Stichwörter und Tabelle ergeben auch optisch kein geschlossenes Bild; diese Aufteilung erschwert die Informationsaufnahme

☐ Ja, wir wollen DOCUMAN testen. Mit den Bedingungen der Verkaufsförderungsaktion sind wir einverstanden.

Kurzbezeichnung	Aktive Clients	HEK €	EVK €	Bestellmenge
DOCUMAN 4.0	1	250,–	434,–	
COCUMAN Netz N5	1. Mai	2.367,–	4.677,–	

Bestellung:

Kundennummer _____ Name _____ Datum/Unterschrift

BESSER SO!

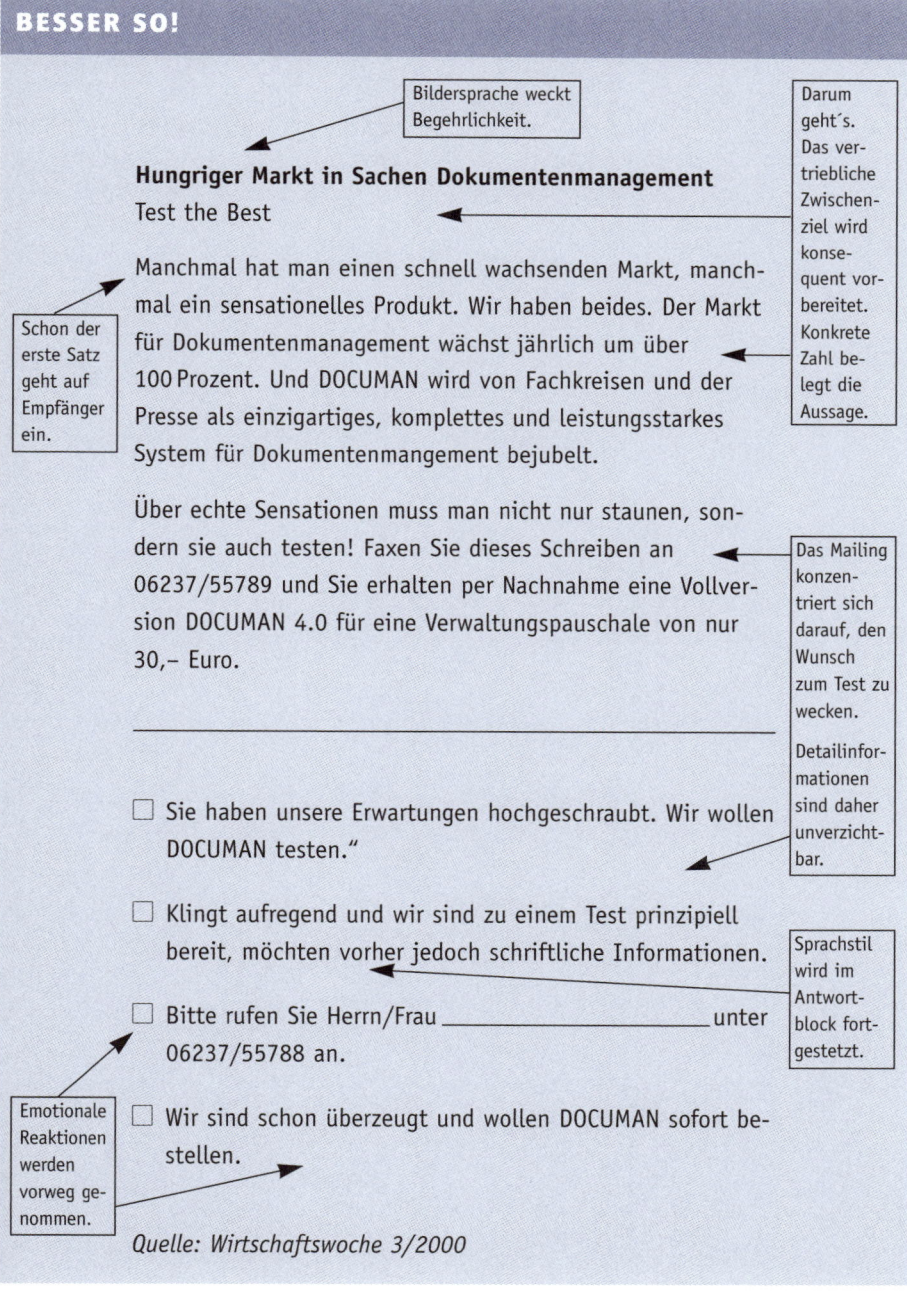

Bildersprache weckt Begehrlichkeit.

Darum geht´s. Das vertriebliche Zwischenziel wird konsequent vorbereitet. Konkrete Zahl belegt die Aussage.

Hungriger Markt in Sachen Dokumentenmanagement

Test the Best

Manchmal hat man einen schnell wachsenden Markt, manchmal ein sensationelles Produkt. Wir haben beides. Der Markt für Dokumentenmanagement wächst jährlich um über 100 Prozent. Und DOCUMAN wird von Fachkreisen und der Presse als einzigartiges, komplettes und leistungsstarkes System für Dokumentenmangement bejubelt.

Schon der erste Satz geht auf Empfänger ein.

Über echte Sensationen muss man nicht nur staunen, sondern sie auch testen! Faxen Sie dieses Schreiben an 06237/55789 und Sie erhalten per Nachnahme eine Vollversion DOCUMAN 4.0 für eine Verwaltungspauschale von nur 30,– Euro.

Das Mailing konzentriert sich darauf, den Wunsch zum Test zu wecken.

Detailinformationen sind daher unverzichtbar.

☐ Sie haben unsere Erwartungen hochgeschraubt. Wir wollen DOCUMAN testen."

☐ Klingt aufregend und wir sind zu einem Test prinzipiell bereit, möchten vorher jedoch schriftliche Informationen.

Sprachstil wird im Antwortblock fortgestetzt.

☐ Bitte rufen Sie Herrn/Frau _____ unter 06237/55788 an.

Emotionale Reaktionen werden vorweg genommen.

☐ Wir sind schon überzeugt und wollen DOCUMAN sofort bestellen.

Quelle: Wirtschaftswoche 3/2000

16 Leitfaden für die Korrespondenz

SCHAUBILD

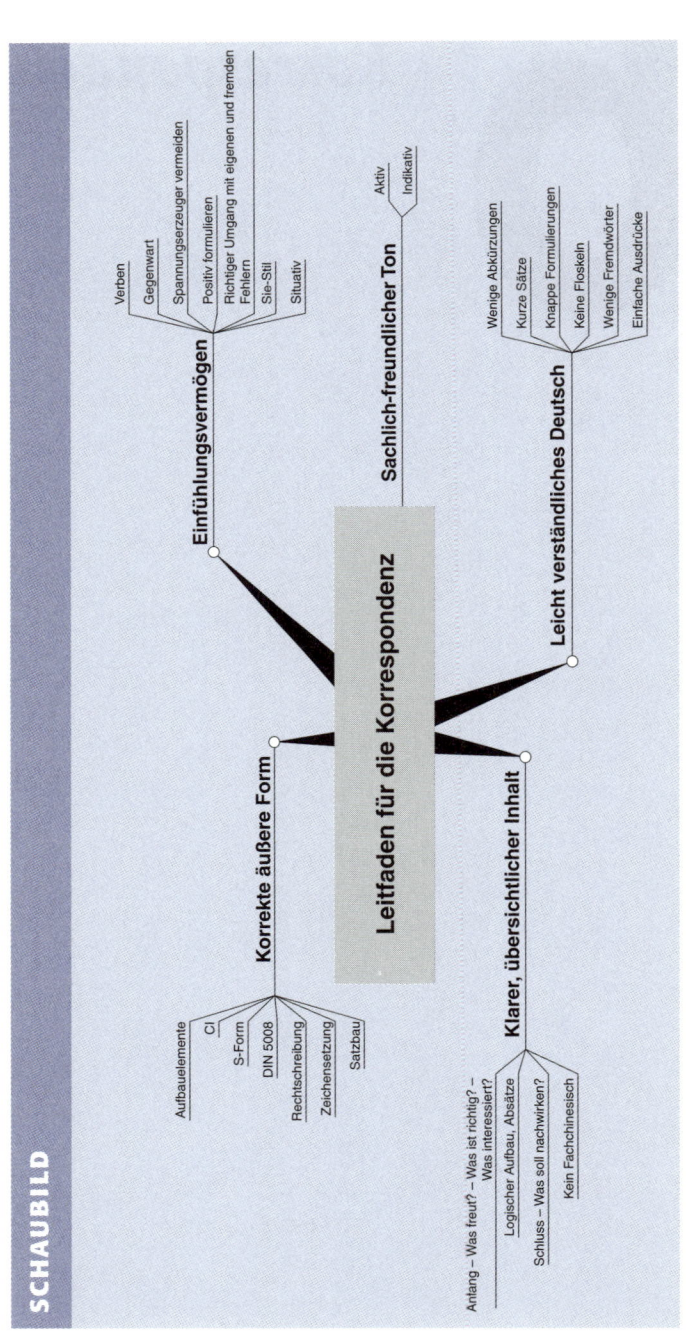

Leitfaden für die Korrespondenz

Einfühlungsvermögen
- Verben
  - Gegenwart
  - Spannungserzeuger vermeiden
  - Positiv formulieren
  - Richtiger Umgang mit eigenen und fremden Fehlern
  - Sie-Stil
  - Situativ

Sachlich-freundlicher Ton
- Aktiv
- Indikativ

Korrekte äußere Form
- Aufbauelemente
- CI
- S-Form
- DIN 5008
- Rechtschreibung
- Zeichensetzung
- Satzbau

Leicht verständliches Deutsch
- Wenige Abkürzungen
- Kurze Sätze
- Knappe Formulierungen
- Keine Floskeln
- Wenige Fremdwörter
- Einfache Ausdrücke

Klarer, übersichtlicher Inhalt
- Anfang – Was freut? – Was ist richtig? – Was interessiert?
- Logischer Aufbau, Absätze
- Schluss – Was soll nachwirken?
- Kein Fachchinesisch

Schluss

Ich freue mich, wenn Sie mithilfe dieses Buches entdeckt haben, dass Korrespondenz ein spannendes und interessantes Aufgabenfeld sein kann. Vergessen Sie nicht: Mit stilsicherer Korrespondenz können Sie als Sekretärin und Assistentin Ihre Qualifikation beweisen. Sie tragen mit Ihrem Können erheblich zur Verbesserung der Firmenkultur bei, denn die schriftliche Kommunikation nach außen wie nach innen hinterlässt ein bleibendes Bild.

Lösen Sie sich nach und nach von antiquierten Floskeln, verbessern Sie kontinuierlich Ihren Stil und beziehen Sie Ihren Chef und die Kollegen in den Veränderungsprozess mit ein. Und holen Sie regelmäßig Feedback ein, wenn es möglich ist. Das Gegenlesen durch eine vertraute, kompetente Person empfiehlt sich sehr. So kommen Sie Schritt für Schritt hinter das Geheimnis, Briefe zu schreiben, die jeder gerne liest und die zeitgemäß sind.

Der Leitfaden für Ihre Korrespondenz auf Seite 132 stellt eine übersichtliche Zusammenfassung dieses Buches dar und er ist ideal als persönliche Checkliste an Ihrem Arbeitsplatz. Benutzen Sie ihn und ergänzen Sie ihn um Aspekte, die Ihnen besonders wichtig sind.

Bedenken Sie stets, dass Ihre Korrespondenz für den Empfänger nie ein Zeitdieb sein darf:

Sag, was du willst,
kurz und bestimmt,
lass leere Worte fehlen!

Wer nutzlos unsere Zeit uns nimmt,
bestiehlt uns – und du sollst nicht stehlen!

Mein herzlicher Dank gilt allen SeminarteilnehmerInnen und StudentInnen, die mir durch ihre aktive Mitarbeit und Kreativität viele neue Ideen für eine lebendige Schreibkultur vermitteln.

Ich wünsche Ihnen gutes Gelingen beim Transfer der Lerninhalte in die Praxis.

Anhang

DIE NEUE DEUTSCHE RECHT-SCHREIBUNG

Hier sind für Sie die Änderungen in Kurzform zusammengefasst:

Das Stammprinzip

- Änderungen bei Umlauten
- Konsonanten nach kurzem Vokal
- Von „ß" zu „ss"
- Zusammengesetzte Wörter
- Das „h" am Schluss
- Das „t" wird zum „z"
- Fremdwortschreibungen

Getrennt- und Zusammenschreibung

- Trennung als Normalfall
- Besonderheiten

Der Bindestrich

- Bindestrich zwischen drei Vokalen
- Bindestrich bei Fremdwörtern

Groß- und Kleinschreibung

- Hauptwörter mit Präpositionen
- Hauptwörter und Verben
- Zahlwörter und Verbindungen
- Die Tageszeiten
- Feste Fügungen
- Die Anredeformen

Zeichensetzung

- Kommaregeln bei Hauptsätzen
- Der erweiterte Infinitiv mit „zu"

Worttrennung am Zeilenende

- Trennung von „st" und „ck",
- Fremdwörter und einzelne Vokale zu Wortbeginn.

Das Stammprinzip

Eine Gämse schnäuzt sich – die Umlaute

Es gibt im Deutschen Wortstämme, aus ihnen entwickelten sich Ableitungen und Zusammensetzungen. Ziel der Rechtschreibreform ist insbesondere, durch Neuschreibung einiger Wörter den Wortstamm klar erkennbar zu halten. Bisher kam es bei Ableitungen und Zusammensetzungen oft zu veränderten Lautschreibungen. Bei den folgenden Beispielen bringen wir die alte Schreibweise in der Grundschrift, die neue kursiv. In einigen Fällen sind auch zwei Herleitungen und damit zwei Schreibweisen möglich.

- behende – *behände* (zu: Hand)
- belemmert – *belämmert* (heute zu: Lamm)
- Bendel – *Bändel* (zu: Band)
- Gemse – *Gämse* (zu: Gams)
- Quentchen – *Quäntchen* (heute zu: Quantum)
- schneuzen – *schnäuzen* (zu: Schnauze, großschnäuzig)
- Stengel – *Stängel* (zu: Stange)
- überschwenglich – *überschwänglich* (zu: Überschwang)

- verbleuen – *verbläuen* (heute zu: blau)
- aufwendig – *aufwändig* (zu: Aufwand),
- Schenke – *Schänke* (zu: Ausschank)

Aber: „Eltern" bleibt bestehen, trotz des Wortstammes „alt"; hier berücksichtigt die Neuregelung, dass es Wörter gibt, die inzwischen so eigenständig geworden sind, dass man sie nicht mehr an den ursprünglichen Stamm anschließen kann.

Zwei Konsonanten nach kurzem Vokal

- As – *Ass*
- Tip – *Tipp* (zu: tippen)
- Karamel – *Karamell* (zu: Karamelle)
- numerieren – *nummerieren* (zu: Nummer)
- plazieren – *platzieren* (zu: Platz)
- Stukkateur – *Stuckateur* (zu: Stuck)
- Tolpatsch – *Tollpatsch* (zu: toll)

Wer küsst wen? Oder: Wann das „ß" zum „ss" wird

Noch immer sind wir beim Stammprinzip. Damit die Herkunft eines Wortes auch in der Schreibung erkennbar bleibt, wird der Wechsel von „ss" zu „ß" nach einem kurzen Vokal aufgehoben und somit konsequent das Doppel-s verwendet.

- hassen/Haß – *hassen/Hass*
- küssen/Kuß – *küssen/Kuss; sie küssten sich*
- lassen/er läßt – *lassen/er lässt*
- müssen/er muß – *müssen/er muss*
- Mißverständnis – *Missverständnis*
- Wasser/wässerig/wäßrig – *Wasser/wässerig/wässrig*
- daß – *dass* (als Konjunktion)

Nach langen Vokalen – wie bei Maß, Muße, Straße – bleibt das „ß" erhalten, ebenso bei einem Doppellaut, wie bei „beißen" oder „draußen".

Kompass für die Schiffahrt: zusammengesetzte Wörter

Das „Stammprinzip" setzt sich bei zusammengesetzten Wörtern fort, auch dann, wenn drei gleiche Konsonanten aufeinander treffen.

- Flanelappen – *Flanelllappen*
- Flußsand – *Flusssand*
- Ballettänzer – *Balletttänzer*
- Stoffetzen – *Stofffetzen*

Natürlich gibt es weiterhin die Möglichkeit, die Wörter durch Bindestrich zu trennen, also Ballett-Tänzer, Fluss-Sand usw. Auch bei der Endung „-heit" bleibt ein vorausgehendes „h" erhalten, also

- Roheit – *Rohheit* (zu: roh)
- Zäheit – *Zähheit* (zu: zäh)

Aus demselben Grund schreibt man das doppelte „r" bei:

- Zierat – *Zierrat* (wie schon: Vorrat)

Ein schlaues Känguru – das „h" am Schluss

Das „Stammprinzip" erfordert noch einige Ergänzungen: Um die Schreibung einheitlicher zu gestalten, war es sinnvoll, in Einzelfällen auch den Wortstamm zu verändern und ein „h" am Ende wegfallen zu lassen.

- rauh – *rau* (wie grau, schlau, genau usw.)
- Känguruh – *Känguru* (wie Gnu, Kakadu)

Substanzielles zum „z": Das „t" bekommt Konkurrenz

Um eine einheitliche Schreibweise bei Substantiven auf -anz oder -enz und den davon abgeleiteten Wörtern zu erzielen, wurde die Schreibung mit „z" zur Hauptform. Die bisherige Schreibung mit „t" bleibt aber als Nebenform bestehen.

- essentiell – *essenziell* (zu: Essenz), auch *essentiell*
- Differential – *Differenzial* (zu: Differenz), auch *Differential*
- Potential – *Potenzial* (zu: Potenz), auch *Potential*
- substantiell – *substanziell* (zu: Substanz), auch *substantiell*

Spagetti mit Ketschup – was tun mit Fremdwörtern?

Eine Angleichung von Fremdwörtern an die herkömmliche deutsche Schreibweise, wie sie seit jeher stattgefunden hat, wurde nur in Einzelfällen vorgenommen. Eine Metapher bleibt eine Metapher, ein Phänomen ein Phänomen, die Philosophie ist die Philosophie und nichts anderes, gleiches gilt für die Sphäre. In einigen, genau festgelegten Fällen werden aber alternative Schreibweisen zugelassen.

Von Einzelfällen – wie *Portmonee* neben Portemonnaie – abgesehen, gilt das besonders dort, wo vergleichbare Schreibanpassungen bereits existieren:

- Necessaire – *Necessaire,* auch *Necessär*
- Geographie – *Geographie,* auch *Geografie*
- Spaghetti – *Spaghetti,* auch *Spagetti*
- Chicorée – *Chicorée,* auch *Schikoree*
- Kommuniqué – *Kommuniqué,* auch *Kommunikee*

- Bouclé – *Bouclé,* auch *Buklee*
- Ketchup – *Ketchup,* auch *Ketschup*
- Myrrhe – *Myrrhe,* auch *Myrre*
- Hämorrhoiden – *Hämorrhoiden,* auch *Hämorriden*
- Facette – *Facette,* auch *Fassette*
- Panther – *Panther,* auch *Panter*

Getrennt- und Zusammenschreibung

Bloß nicht sitzen bleiben! – Trennung ist der Normalfall

Schon seit langem gilt die Getrenntschreibung als der Normalfall. Nach den neuen Rechtschreibregeln wird dieser weiter systematisiert, um bislang bestehende Ungereimtheiten auszuräumen.

- radfahren – aber *Auto fahren* oder *Rad fahren* (wie Auto fahren)
- teppichklopfen/*Teppich klopfen*
- haltmachen – *Halt machen*

Die Unterscheidung von einer konkreten und einer übertragenen Bedeutung, die bisher schon nicht recht funktioniert hat (so wurde „im Bett liegenbleiben" geschrieben, obwohl es sich um eine konkrete Bedeutung handelte, aber „mit seinem Plan baden gehen", obwohl hier die übertragene Bedeutung „scheitern" umschrieben ist), wird aufgegeben:

sitzenbleiben (in der Schule), *aber* sitzen bleiben (auf einem Stuhl) – sitzen bleiben
abwärtsgehen (schlechter werden), aber abwärts gehen (einen Weg abwärts gehen)

Um eine Vereinheitlichung der Schreibweisen zu erzielen, wird auch in folgenden Fällen getrennt geschrieben:

- gefangennehmen – gefangen nehmen
- kennenlernen – kennen lernen
- übrigbleiben – übrig bleiben

Was bislang schon für viele Einzelfälle galt, gilt jetzt generell: Bei Verbindungen wie aneinander/auseinander/beieinander plus Verb gilt die Getrenntschreibung:

- aneinanderfügen – *aneinander denken – aneinander fügen*
- zueinanderfinden – *zueinander passen – zueinander finden* Partizipformen werden geschrieben wie die Grundformen.
- achtunggebietend – *Achtung gebietend*
- erdölexportierend – *Erdöl exportierend*
- handeltreibend – *Handel treibend*
- nahestehend – *nahe stehend* (von: nahe stehen)
- laubtragende/Laub tragende (Bäume) – *Laub tragende Bäume* (von: Laub tragen)

*„Wie viel" wie „wie viele" – ein paar Be-
sonderheiten*

Wie bereits „so viele", „wie viele" wird
jetzt auch „so viel", „wie viel" geschrieben. Hingegen werden alle Verbindungen mit „irgend" wie bisher schon „irgendwer" oder „irgendwohin" zusammengeschrieben.

- irgend etwas – *irgendetwas*
- irgend jemand – *irgendjemand*

Der Bindestrich

*Der Ballett-Tänzer: Kleiner Strich, große
Wirkung*

Der Bindestrich eröffnet dem Schreibenden grundsätzlich die Möglichkeit, unü-
bersichtliche Zusammenschreibungen zu
gliedern.
Außerdem ermöglicht er es, Zahlen und
Wörter zu verbinden („3/4-Takt") oder
aus anderen, eigentlich nicht miteinander zu vereinbarenden Bestandteilen eine sinnvolle Wortverbindung zu schaffen (das „In-den-Tag-hinein-Träumen").
Die neue Regelung beseitigt einerseits
Ungereimtheiten und gibt andererseits
der Entscheidung des Schreibenden
mehr Raum, durch die Verwendung des
Bindestrichs seine Aussageabsicht zu
verdeutlichen.

- Ichform, Ichsucht – *Ichform/Ich-
  Form, Ich-Sucht*
- *Ichlaut/Ich-Laut*
- 17jährig, 3tonner – *17-jährig, 3-Ton-
  ner*
- 2pfünder – *2-Pfünder*
- 4silbig, 100prozentig – *4-silbig, 100-
  prozentig*
- Kaffeeersatz – *Kaffee-Ersatz*
- Zoo-Orchester – *Zooorchester – Zoo-
  Orchester*
- Baletttruppe – *Ballett-Truppe*
- Flußsand – *Flusssand/Fluss-Sand*

*Der Hair-Stylist – Englisches kann man
auch trennen*

Für Anglizismen, Wörter und Wendun-
gen, die aus dem Englischen in die
deutsche Sprache übernommen werden,
gelten dieselben Regeln wie für einheimische Zusammensetzungen, d. h.
grundsätzlich Zusammenschreibung,
aber zulässige Schreibung mit
Bindestrich, vor allem dann, wenn Unü-
bersichtlichkeit befürchtet wird:

- Hair-Stylist – *Hairstylist*
- Job-sharing – *Jobsharing*
- Midlife-crisis – *Midlifecrisis/Midlife-
  Crisis*
- Sex-Appeal – *Sexappeal/Sex-Appeal*
- Shopping-Center –
  Shoppingcenter/Shopping-Center

Groß- und Kleinschreibung

Alles ins Reine bringen: Einiges über Groß und Klein

Die Groß- und Kleinschreibung ist eines der zentralen Kapitel der Rechtschreibreform. Ursprünglich hatten die Sprachwissenschaftler vor, auch die Substantive – die Hauptwörter – klein schreiben zu lassen, wie es in anderen Sprachen üblich ist. Dafür ließ sich jedoch keine mehrheitliche Zustimmung finden. So kam es zu einer modifizierten Regelung, bei der die traditionelle Großschreibung der Substantive beibehalten wird, besonders schwierige Bereiche der bisherigen Groß- und Kleinschreibung jedoch neu geregelt werden.

Die Änderungen zielen darauf ab, klare, wenn möglich formale Kriterien für die Großschreibung zu gewinnen. Eine entscheidende Bedeutung kommt hierbei dem Gebrauch des Artikels („der", „die", „das", „ein", „eine" etc.) zu, wodurch sogar etwas mehr als bisher groß geschrieben wird. Fangen wir mit Substantiven an, denen eine Präposition voransteht oder ein Verb folgt. Hier ist die Großschreibung immer richtig:

- in bezug auf – *in Bezug auf* (wie schon mit Bezug auf)
- ins reine (bringen) – *ins Reine* (bringen)
- im übrigen – *im Übrigen*

Nicht zu schnell Rad fahren: Hauptwörter und Verben

Substantive in enger Verbindung mit einem Verb werden groß geschrieben:

- radfahren – *Rad fahren* (wie schon Auto fahren)
- eislaufen – *Eis laufen*
- probefahren – *Probe fahren*
- hofhalten – *Hof halten*
- leid tun – *Leid tun*

Aber: Nur noch in Verbindungen mit den Verben „sein", „bleiben" und „werden" schreibt man „Angst", „Bange", „Gram", „Leid", „Schuld" und „Pleite" klein:

- angst (und bange) machen – *Angst (und Bange) machen*
- bange sein – *bange sein*
- schuld geben – *Schuld geben*
- schuld sein – *schuld sein*
- pleite gehen – *Pleite gehen*
- pleite sein – *pleite sein*

Der Nächste ist der Letzte: Zahlwörter
und Verbindungen

Substantivierte Adjektive, also auf Ei-
genschaftswörtern basierende Hauptwörter, die als Ordnungszahlen fungieren,
werden jetzt groß geschrieben. Etwa:
der Erste, der Letzte, der Nächste, der
Dritte. Gleiches gilt für unbestimmte
Zahladjektive, die den Indefinitprono-
men, den unbestimmten Fürwörtern,
nahe stehen (alles Übrige, nicht das Geringste), sowie für Adjektive in festen
Wortverbindungen (etwa im Klaren, im
Folgenden, im Nachhinein, im Voraus,
des Näheren oder – sowohl im wörtli-
cher als auch in übertragener Bedeutung
– im Dunkeln tappen, im Trüben fi-
schen).

- der, die das letzte – *der, die das Letzte*
- der nächste, bitte – *der Nächste, bitte*
- alles übrige – *alles Übrige*
- nicht das geringste – *nicht das Ge-*
  ringste
- im großen und ganzen – *im Großen*
  und Ganzen
- des näheren – *des Näheren*
- im allgemeinen – *im Allgemeinen*
- es ist das beste (am besten), wenn –
  das Beste
- auf dem trockenen sitzen (in finanzi-
  eller Verlegenheit sein) – *auf*
  dem Trockenen sitzen

- den kürzeren ziehen (Nachteile haben) – *den Kürzeren ziehen*

Wer kommt heute Mittag?
Die Tageszeiten

Bezeichnungen für Tageszeiten werden
dann groß geschrieben, wenn sie in Verbindung mit „heute", „(vor)gestern"
oder „(über)morgen" stehen:

- heute mittag – *heute Mittag*
- gestern abend – *gestern Abend*
- vorgestern morgen – *vorgestern Mor-*
  gen

Substantivische Verbindungen von Wo-
chentag und Tageszeit werden groß geschrieben und zusammen:

- am Sonntag abend – *am Sonntag-*
  abend; (dazu das Adverb: sonntagabends)

Groß geschrieben werden auch Farb-
und Sprachbezeichnungen in Verbindung
mit Präpositionen:

- in englisch – *in Englisch*
- auf deutsch – *auf Deutsch* (wie
  schon: bei Grün)

Außerdem groß geschrieben werden
Paarformeln mit nicht deklinierten (ge-

beugten) Adjektiven zur Bezeichnung von Personen:

- groß und klein – *Groß und Klein*
- jung und alt – *Jung und Alt* (wie bisher schon: Arm und Reich)

Die erste Hilfe kommt schon – etwas zu festen Fügungen

Bei Superlativen mit „aufs" ist sowohl Großschreibung als auch Kleinschreibung möglich:

- aufs beste – *aufs beste/aufs Beste*
- aufs herzlichste – *aufs herzlichste/aufs Herzlichste*

Bei feststehenden Fügungen aus einem Substantiv und einem Adjektiv wird das Adjektiv generell klein geschrieben:

- das Schwarze Brett – *das schwarze Brett*
- der Weiße Tod – *der weiße Tod*
- die Erste Hilfe – *die erste Hilfe*

Die Großschreibung gilt aber weiter dann, wenn es sich um Eigennamen, also um singuläre Benennungen, handelt (etwa „der Stille Ozean"). Auch Titel (wie „Regierender Bürgermeister"), klassifizierende Bezeichnungen in der Biologie („Roter Milan"), besondere Kalendertage („Heiliger Abend") und historische

Ereignisse (wie der „Westfälische Friede") werden groß geschrieben. Ableitungen von Personennamen, wie zum Beispiel „ohmsch" werden immer klein geschrieben, also auch, wenn die persönliche Leistung gemeint ist: „das ohmsche Gesetz". Groß wird ein Name geschrieben, wenn seine Grundform betont werden soll. Die Endung wird in solchen Fällen mit einem Apostroph angehängt: „die Grimm'schen Märchen".

Immer höflich bleiben: Die Anredeformen

Klein geschrieben werden künftig die vertraulichen Anredepronomen „du" und „ihr" mit ihren zugehörigen Formen. „Sie" und „Ihr" als Höflichkeitsformen samt ihren flektierten (gebeugten) Formen sind weiterhin groß zu schreiben:

- Du, Dein, Dir usw. – *du, dein, dir usw.*
- Ihr, Euer, Euch usw. (in der vertraulichen Anrede) – *ihr, euer, euch* usw.

Zeichensetzung

Die Freiheit beim Komma – Hauptsätze ohne Trennung

Wann man ein Komma zu setzten hat, gehörte bisher zu den unübersichtlichsten Bereichen der alten Rechtschreibung. Die neuen Regeln wollen dem Schreibenden mehr Freiheiten beim Gebrauch des Kommas einräumen – etwa

bei mit „und", „oder", „beziehungswei-
se", „weder – noch" oder „entweder –
oder" verbundenen Hauptsätzen, die
nicht mehr durch ein Komma getrennt
werden, also:

- Der Schnee schmolz dahin, und bald
  ließen sich die ersten Blumen sehen,
  und die Vögel stimmten ihr Lied an.
  *– Der Schnee schmolz dahin und bald
  ließen sich die ersten Blumen sehen
  und die Vögel stimmten ihr Lied an.*
- Sie machten es sich bequem, die Kerzen wurden angezündet, und der
  Gastgeber versorgte sie mit Getränken. *– Sie machten es sich bequem,
  die Kerzen wurden angezündet und der
  Gastgeber versorgte sie mit Getränken.*

In diesen beiden Fällen sind gleichrangi-
ge Hauptsätze durch Konjunktionen
(Bindewörter) miteinander verbunden
und das Komma entfällt.
Aber: Wenn der Schreibende meint, ein
Komma würde die Gliederung des Satzes
verdeutlichen und Missverständnisse
ausschließen, darf er ein Komma setzen,
also:

- Er schimpfte auf die Regierung, und
  sein Publikum, das auf seiner Seite
  war, applaudierte.
- Sie begegnete ihrem Trainer, und dessen Mannschaft musste lange auf ihn
  warten.

*Keine Missverständnisse: Der erweiterte
Infinitiv*

Auch bei dem erweiterten Infinitiv mit
„zu" gilt jetzt: Man kann (!), um Missverständnisse zu vermeiden, ein Komma
setzen, also:

- Wir empfehlen ihm, nichts zu sagen.
- Wir empfehlen, ihm nichts zu sagen.

Ist der Infinitivsatz jedoch in einen zu-
sammenhängenden Satz integriert, muss
weiterhin ein Komma gesetzt werden:

- Darüber, bald zu einem Erfolg zu
  kommen, dachte sie lange nach.
- Bald zu einem Erfolg zu kommen, das
  war ihr sehnlichster Wunsch.
- Sie, um bald zu einem Erfolg zu kommen, schritt alsbald zur Tat.

Worttrennung am Zeilenende

*Nur keine Trennungsängste: Das „st"
und das „ck"*

Ein liebgewordenes Sprichwort ver-
schwindet mit der Reform: „Trenne nie
„st", denn es tut ihm weh!", gilt ab
jetzt nicht mehr. Wie man auch bisher
schon Wes-pe oder Kas-ko trennte, so
schiebt sich der kleine Strich jetzt auch
zwischen das „st", also:

- We-ste – *Wes-te*
- Ka-sten – *Kas-ten*
- Mu-ster – *Mus-ter*

Und das „ck"? Ab jetzt wird es bei Trennungen nicht mehr durch „kk" ersetzt, denn hier ginge der Wortstamm verloren. Das „ck" kommt vielmehr geschlossen auf die nächste Zeile, ähnlich wie bei la-chen, wa-schen, also:

- Zuk-ker – *Zu-cker*
- lek-ken – *le-cken*
- Bak-ke – *ba-cken*

Sig-nal am U-fer: Fremdwörter und Vokale

Für Fremdwörter gelten neben den bisher vorgeschriebenen Trennungen, die nur der Herkunftssprache Rechnung tragen, nun auch die für einheimische Wörter geltenden Trennregeln, also:

- Chir-urg – *Chir-urg/Chi-rurg*
- Si-gnal – *Si-gnal/Sig-nal*
- Päd-agogik – *Päd-agogik/Pä-dagogik*
- par-allel – *par-allel/pa-rallel*
- Heliko-pter – *Heliko-pter/Helikop-ter*

Rechtschreibfallen

Wie Sie wahrscheinlich in Ihrem beruflichen Alltag schon oft festgestellt haben, sind es immer dieselben Wörter,
die man nachschlagen muss, weil man
sich in der Praxis eben doch noch nicht
so sicher ist, wie man glaubt. Deshalb
habe ich für Sie eine kleine Liste zusammengestellt, von der ich hoffe, dass
sie Ihnen den Alltag etwas erleichtert.
Die Auswahl, die ich getroffen habe, beinhaltet Ausdrücke, die Ihnen für Ihre
tägliche Korrespondenz geläufig sein
sollten. Sie können die neuen Schreibweisen immer wieder nachschlagen, sie
am Stück durchlesen oder versuchen,
sich Wortgruppen intensiv einzuprägen.
Ein Anspruch auf Vollständigkeit kann
und will ich aber nicht geben. Die in
meinen Kapiteln skizzierten Regeln der
neuen Rechtschreibung müssen natürlich trotzdem erlernt werden. Die hier
vorliegende Liste soll lediglich dem
schnellen Nachschlagen und der Verge-
wisserung dienen, ohne ständig im Du-
den blättern zu müssen.

A

Abend
    am Abend
    des Abends
    heute Abend
    abends

sonntags abends oder sonntagabends
    Sonntagabend
abhanden kommen
abwärts gehen
acht
    Viertel vor acht
    Drei viertel acht
    der Achte des Monats
    das Achtfache der Kosten
    zu acht
    Acht geben (er gibt Acht)
    in Acht nehmen
    außer Acht lassen
    8-jährig
    der/die 8-Jährige
    8-mal
    acht Millionen Mal
    8-Tonner, auch Achttonner
    über achtzig
    die achtziger Jahre, auch Achtziger-
    jahre
Achtung gebietend, auch: achtunggebie-
    tend
afroamerikanisch
afroasiatisch
Afrolook
Aftershave
ähnlich
    er hat Ähnliches (d. h. Solches)
    schon gesagt
    etwas, nichts Ähnliches
    und/oder Ähnliches (u. A./o.Ä
Akontozahlung
Akquisiteur (Kundenwerber)
Akquisition (Kundenerwerbung)

allemal, aber: ein für alle Mal
allerart Büromaschinen
   Maschinen aller Art
allerbeste
   am allerbesten
   es ist das Allerbeste, dass
allerorts
alles in allem
mein Ein und Alles
   alles und jedes
allgemein
   im Allgemeinen
   allgemein gültig
   allgemein verständlich
allzeit
allzu bald
   allzu groß
   allzu lange
   allzu oft
   allzu sehr
   allzu viel
   aber: allzumal
Alma Mater
als dass
alt
   aus Alt mach Neu
   Alt und Jung
   er bleibt immer der Alte
   es beim Alten lassen
   Altes und Neues
   Alte und Junge
   althergebracht
   Alter Ego
in Anbetracht
anders denkend

anders geartet
anders lautend
aneinander fügen
aneinander reihen
anerkanntermaßen
anfangs
   von Anfang an
   zu Anfang
Angloamerikaner
jmdm. Angst machen
anheim fallen
im Argen liegen
vor dem Ärgsten bewahren
aufs Beste
   aufs Neue
   auf sein
aufseiten oder auf Seiten
das Auf und Nieder
aufeinander folgen/legen
aufrecht
   aufrecht halten (sich)
   aufrechterhalten (etwas)
Aufsehen erregend
aufwärts gehen
aufwendig, auch: aufwändig
auseinander halten
   auseinander ziehen
aufs Äußerste oder äußerste überrascht
sein
   bis zum Äußersten ausnutzen
   10 % sind das Äußerste
außerstande sein oder außer Stande sein

B

so bald wie möglich
   sobald er eintraf
   aber: er kam so bald nicht
Bankrott gehen
auf etwas bedacht sein
mit Bedacht
am bedeutendsten
   um ein Bedeutendes zunehmen (im
   Sinne von sehr)
   das Bedeutendste
   etwas Bedeutendes
behände
beieinander haben
beieinander sein
beisammen sein
bekannt
   bekannt geben
   bekannt machen (veröffentlichen)
   mit jemandem bekannt werden
jeder Beliebige
bereitliegen
   bereitstellen, bereithalten
   aber: sich bereit halten
   sich bereit erklären
   sich bereit finden
von Berufs wegen
im Besonderen
   insbesondere
   etwas, nichts Besonderes
besser gehen
   sich besser stellen
   sich eines Besseren besinnen
   eine Wendung zum Besseren
   eines Besseren belehren

beste
   aufs Beste
   es ist das Beste, wenn
   am besten
   zum Besten geben, haben, wenden,
   halten
   das Beste, was du tun kannst
   das Beste ist gerade gut genug
   zu deinem Besten
   sein Bestes tun
bestehen bleiben
Bestellliste, auch: Bestell-Liste
um ein Beträchtliches höher
in Bezug auf
   mit Bezug auf
   unter Bezugnahme auf
   wir nehmen Bezug auf
   Bezug nehmend
Bibliographie, auch: Bibliografie
im Bisherigen
   das Bisherige (das bisher Gesagte)
bisschen
   das, ein bisschen
Blackout, auch: Black-out
blau gestreift
   bläulich grün
bleiben lassen
Börsentipp
braun gebrannt
breit gefächert

C

Centrecourt, auch: Centre-Court
Chiffre
   chiffrieren

Cleverness
Comeback, auch Come-back
Commonsense, auch: Common Sense Co-
    pyright
Countdown auch: Count-down
Coup

D

dabeibleiben (bei einer Tätigkeit bleiben)
    dabei bleiben (bei der Ansicht)
    dabei sein (anwesend sein)
    dabeisitzen (zugegen sein)
    dabei sitzen (nicht stehen)
dafür können
    nach meinem Dafürhalten
dahin gehend
    dahingestellt sein lassen
    lass es nicht dahin kommen (so weit
    kommen)
dahinter klemmen
dank eures guten Willens
    danksagen, auch Dank sagen
am darauf folgenden Tage
    daraufhin (danach)
    alles deutet darauf hin
darüber hinaus
    darüber stehen
dass
    dass-Satz, auch: Dasssatz
Daten verarbeitend
dazwischen sein
    dazwischenkommen
    dazwischenrufen
de facto (tatsächlich)
dein (in Briefen)

die Deinen, auch: die deinen
Mein und Dein verwechseln
die Deinigen, auch: die deinigen
de jure (von Rechts wegen)
etwas Dementsprechendes
    demgegenüber
    demzufolge
derart
    etwas Derartiges
dessen ungeachtet
des Weiteren
auf Deutsch
    deutsch sprechend
dich
Dienstag
    dienstags
    eines Dienstags
    Dienstagabend
    dienstags abends oder dienstagabends
Differential, auch: Differenzial
Diktaphon, auch: Diktafon
dir (in Briefen)
dort bleiben
    dortzulande, auch: dort zu Lande
auf das dringendste, auch: etwas aufs
    Dringendste fordern
der Erste, der Zweite, der Dritte
    sie waren zu dritt
    die Dritte Welt
    zum Dritten
    ein Dritter (Unbeteiligter)
    ein Drittel der Summe
    ein drittel Zentner
du (in Briefen)
    auf Du und Du stehen

er tappte im Dunkeln (im ungewissen)

    er ging im Dunkeln nach Hause

durcheinander bringen

durchnummerieren

Dutzende Reklamationen, auch: dutzen-

    de Reklamationen

E

ebendarum

    ebender, ebendieser

    ebendort

    ebendeshalb

    ebenso

    ebenso sehr

    ebenso gut

    ebenso oft

    ebenso viele Menschen wie

    ebenso wenig

an Eides statt

sein Eigen nennen

    sich zu Eigen machen

ein und derselbe

    ein für alle Mal

    sein Ein und Alles

    der eine, die einen, das eine

    einer von beiden

    in einem fort

einander

    aufeinander folgen

    voneinander gehen

    auseinander gehen

    untereinander besprechen

das Einfachste ist, wenn

aufs Eingehendste, auch: eingehendste

das läuft alles auf eins hinaus

aufs Eindringlichste warnen

einzeln

    der, die, das Einzelne

    bis ins Einzelne

    jeder Einzelne

    ein Einzelner

    aber: ein einzeln stehender Baum

    im Einzelnen

einzig

    das Einzigartige ist, dass

    der, die, das Einzige

    keine Einzige (ohne Substantiv da-

    hinter)

aufs engste verflochten, auch: aufs

    Engste verflochten

    eng befreundet

nicht im Entferntesten beabsichtigen

entgegenkommen

    entgegenkommenderweise

    aber: in entgegenkommender Weise

auf das entschiedenste, auch: auf das

    Entschiedenste zurückweisen

ein Entweder-oder

ernst gemeint

ernst zu nehmen

der, die, das Erste

    als Erstes

    das Erstbeste

    fürs Erste

    der erste Beste

    zum Ersten

    das erste Mal

    der Erste (z. B. Otto der Erste)

    der erste April

    am Ersten des Monats

vom nächsten Ersten an
erste Hilfe
essentiell, auch: essenziell
die Euren, auch: die euren
   die Eurigen, auch: die eurigen
Existentiell, auch: existenziell
Exposé, auch: Exposee

frei sprechen (ohne Unterlagen)
freistellen (erlauben)
frei stellen (ohne Stütze)
frühmorgens
   morgen früh, auch: Früh
   von früh bis spät
Fulltimejob, auch: Full-Time-Job

F

Fairness
Fairplay, auch: Fair Play
Fallout, auch Fall-out
Fastfood auch: Fast Food
Feedback, auch: Feed-back
feiertags
   sonn- und feiertags
   des Feiertags
fern liegen
fertig
   fertig bringen, fertig zu bringen
fest angestellt
fett gedruckt
Flussdiagram
im Folgenden
   durch Folgendes
   das Folgende (später aufgeführte)
   aus dem Folgenden
   den folgenden Ausführungen
in einem fort
in Frage kommen
freihalten (bezahlen)
   die Rede frei halten
   freimachen (Postwertzeichen)
   frei machen (Plätze, Stühle)
   freisprechen (von Schuld)

G

gang und gäbe
in Gang setzen
ganz und gar
   im Ganzen
   im Großen und Ganzen
   das Ganze
   aufs Ganze gehen
   ein großes Ganzes
es ist das Gegebene
   gegebenenfalls
aufs genaueste, auch: aufs Genaueste
   genau genommen
genauso gut
   genauso wenig
Geographie, auch: Geografie
geradeheraus (freimütig, direkt)
   gerade sitzen/stehen/legen/halten
   (aufrecht)
   geradeso (ebenso)
   gerade so (und nicht anders)
   geradeso viel
   geradewegs
   geradezu
gering achten/schätzen
   gering geachtet
   gering zu achten

ein Geringes (wenig)
tun nicht das Geringste (gar nichts)
nicht im Geringsten (gar nicht)
kein Geringerer als
auch das Geringste bemerkte er
ein gewisses Etwas
etwas, nichts Gewisses
das Gleiche tun
Gleich und Gleich gesellt sich gern
es kommt auf das Gleiche hinaus
gleich denkend
gleich lautend
gleich kommen (sofort)
gleichkommen
gleichmachen
gleich geartete Verhältnisse
gleich gesinnt
aber:
er soll gleich kommen (sofort)
gleich bleiben (unverändert)
gleichviel
die Schulen haben gleich viel
Schreibmaschinen
gleichwohl
gleichermaßen
der, die, das Gleiche
großtun
großziehen
großschreiben (mit großem Anfangs-
buchstaben)
groß schreiben (für wichtig nehmen)
groß kariert
groß gemustert
groß gewachsen
im Großen und Ganzen

Groß und Klein
das Größte wäre, wenn
aufgrund oder auf Grund von
im Grunde genommen
zugrunde oder zu Grunde legen
im Grundsätzlichen hat sie Recht
zugunsten oder zu Gunsten
jemandem etwas im Guten sagen
im Guten wie im Bösen (allezeit)
jenseits von gut und böse
zugute halten
gutschreiben
alles Gute
gut gelaunt
gut gemeint
guten Tag sagen, auch: Guten Tag sagen

H
haften bleiben
abhanden kommen
anhand
kurzerhand
unter der Hand
vorderhand (einstweilen)
überhand nehmen
eine Handbreit (als Maß) aber: es ist
ungefähr handbreit
eine Hand voll Kirschen
Handel treibend
Handout, auch: Hand-out
Harass
Hardcover, auch: Hard Cover
nach Hause, in Österreich und der
Schweiz, auch: nachhause

her sein

jmdn. auf das herzlichste begrüßen,
auch: jmdn. auf das Herzlichste be-
grüssen

heute Abend/Mittag/Nacht

hier bleiben

hierzulande, auch: hier zu Lande

Highsociety, auch: High Society

Hilfe suchend

hintereinander fahren

aufs höchste erfreut sein, auch: aufs
Höchste erfreut sein

hundert, auch: Hundert Mal

ein paar hundert oder Hundert

hundert und aberhundert Besucher
auch: Hundert und Aberhundert Besucher

vom Hundertsten ins Tausendste

hundertprozentig, oder 100-prozentig

der Hundertste

I

im Allgemeinen

im Besonderen

im Einzelnen

im Klaren sein

im Folgenden

im Ganzen

im großen Ganzen

im Großen und Ganzen

imstande sein, im Stande sein

im Voraus

in Betreff

in Bezug

infolge

infrage kommen, auch: in Frage kommen

instand setzen, auch: in Stand setzen

Indizes, auch: Indices

ineinander greifen

Inessentiell, auch: inessenziell

i-Punkt

irgendeiner

irgendeine

irgendwer

irgendwann

irgendwie

irgendwo

irgendjemand

irgendetwas

i-Tüpfelchen

J

ja sagen, auch: Ja sagen

jahraus, jahrein

jahrelang

viele Jahre lang

jahrzehntelang

viele Jahrzehnte lang

2-jährig, 3-jährig, 4-jährig

ein 2-Jähriger, 3-Jähriger

jedes Mal

es ist nicht jedermanns Sache

jederzeit

zu jeder Zeit

jemand anders

jemand Fremdes

irgendjemand

Jobsharing

Jointventure, auch: Joint Venture

Jung und Alt

K

Kalligraphie, auch: Kalligrafie

2-Karäter, 3-Karäter, 4-Karäter

Kartographie, auch: Kartografie

kennen lernen

Kennnummer, auch: Kenn-Nummer

im Klaren sein

    klarkommen (zurechtkommen)

    etwas klar machen (deutlich machen)

    sich klar werden

bis ins Kleinste vorbereiten

    klein gedruckt

    kleinschreiben (mit kleinen Anfangs-
    buchstaben)

Klemmmappe, auch: Klemm-Mappe

es ist das Klügste

    der Klügere gibt nach

Knockout, auch: Knock-out

Kommuniqué, auch: Kommunikee

Kongresssaal, auch: Kongress-Saal

Kontrollliste, auch Kontroll-Liste

das Gesetz ist noch nicht in Kraft

krankschreiben

den Kürzeren ziehen

    über kurz oder lang

    kurzarbeiten

    kurzerhand

    kurz/kürzer treten

    kurz gefasst

L

allzu lang

    des Langen und Breiten erzählen

    mehrere Jahre lang

    tagelang

zulasten, auch: zu Lasten

auf dem Laufenden halten

Layout, auch: Lay-out

leicht

    es war ihm ein Leichtes

    etwas leicht nehmen

    leicht gefallen

    leicht verständlich

    aber: leichtfertig, leichtlebig

jmdm. Leid tun

der Letzte (der Reihe nach), Letzerer

    der Letzte des Monats

    zu guter Letzt

    bis zum Letzten aushalten

    Letzteres trifft

    zum letzten Mal

es wäre uns das Liebste, wenn

liegen bleiben

Lizentiat, auch Lizenziat

M

das erste, zweite Mal

    das einzige, letzte, nächste, vorige
    Mal

    mit einem Male

    einmal, zweimal

    2-mal, 3-mal, 4-mal

    hundertmal, auch: hundert oder Hun-
    dert Mal

    keinmal, vielmal

    jedes Mal

    das erste Mal, das letzte Mal

    manchmal, manches Mal

das Maschineschreiben

    ich schreibe Maschine

weil er Maschine schreibt
Maß halten
Matrizes, auch: Matrices
Metalllegierung, auch: Metall-Legierung
Midlifecrisis, auch: Midlife-Crisis
das Mindeste, was er tun sollte
   nicht im Mindesten
   zum Mindesten
   zumindest
mithilfe, auch: mit Hilfe (gestern, heute, morgen) Mittag
sein Möglichstes tun
   im Rahmen des Möglichen
   Mögliches und Unmögliches
   etwas, nichts Mögliches
   möglicherweise
   womöglich
monatelang
   viele Monate lang
   3-monatig, 4-monatig, 5-monatig
Monographie, auch: Monografie
montags
   Montagabend
   montags abends, montagabends
morgen Abend
   morgen früh, auch morgen Früh
   morgen Nachmittag
   morgens
   des Morgens
Multiplechoiceverfahren, auch: Multiple-Choice-Verfahren
zumute sein, auch: zu Mute sein
   guten Mutes sein

N

Nachfolgendes gilt auch
nach Hause, in Österreich und der Schweiz auch: nachhause
im Nachhinein
heute Nachmittag
   nachmittags
   des Nachmittags
das Nächstliegende
nächstes Mal
   das nächste Mal kam er
   nächstfolgend
   als Nächstes wollen wir
   das Nächstbeste (zu tun) wäre
nachstehen
   im Nachstehenden sehen Sie
morgen Nacht
   nachts
   Sonntagnacht
   sonntags nachts
   nächtelang (aber: drei Nächte lang)
nahe legen (empfehlen)
   nahe liegend
   nahe kommen (fast gleichen)
   nahe treten
   des Näheren erklären
   Näheres folgt
   alles Nähere
nebeneinander gehen/liegen
wie nebenstehend
   im Nebenstehenden
nein sagen, auch: Nein sagen
aufs Neue
   von neuem
   nichts Neues

die neu hinzugekommenen Kunden

das Neue Testament

New Yorker, auch: New-Yorker

nichtsdestoweniger

nichts Genaues

    nichts ahnend

    nichts sagend

Nofuturegeneration, auch: No-Future-

    Generation

null Komma nichts

Nulllage, auch: Null-Lage

nummerieren

    Nummerierung

O

von oben her

    oben erwähnt

    die oben erwähnte Bestellung

    das oben Stehende

    obenherum

    obenhin

offen bleiben

    offen lassen

des Öfteren

ohnedies

    ohnegleichen

    ohnehin

    ohne weiteres

Orthographie, auch: Orthografie

P

ein paar Mal

    ein Paar Schuhe (zwei)

parallel laufend

Passé, auch: passee

platzieren

Pleite gehen

potentiell, auch: potenziell

Präferentiell, auch: präferenziell

preisgeben

    er gibt preis

Q

qualitätsbewusst

Quartalsabschluss

Quäntchen

R

rau

das ist mir recht

    Recht haben

    es einem recht machen/geben

    mit, ohne Recht

    zu Recht bestehen

    im Recht sein

    von Rechts wegen

    nach dem Rechten sehen

    rechtens sein

nach rechts

Regressanspruch

Arm und Reich

mit sich ins Reine kommen

    mit jemandem im Reinen sein

das ist genau das Richtige für mich

    richtig stellen

rückwärts gewandt

ruhen lassen

S

etwas auf das schärfste verurteilen,
    auch: etwas auf das Schärfste verur-
    teilen
das Schlimmste ist, dass
Schmuckblatttelegramm, auch:
    Schmuckblatt-Telegramm
Schnelllebig
an etwas Schuld haben
sich etwas zuschulden kommen lassen,
    auch: sich etwas zu Schulden kom-
    men lassen
schwarz auf weiß
    das scharze Brett
    schwarzrotgolden, auch: schwarz-rot-
    golden
    schwarz sehen
    aus Schwarz Weiß machen wollen
    schwarzweiß, auch: schwarz-weiß
schwer fallen
    schwer verständlich
    schwer beschädigt
seinerzeit
    alles zu seiner Zeit
    jedem das Seine, auch: jedem das
    seine
    das Seine beitragen, auch: das seine
    beitragen
    die Seinen, auch: die seinen
    die Seinigen, auch: die seinigen
aufseiten, auch: auf Seiten
    vonseiten, auch: von Seiten
    seitens
    beiseite legen
selbständig, auch: selbstständig

Sequentiell, auch: sequenziell
S-förmig, auch: s-förmig
Shortstory, auch: Short Story
Showdown, auch: Show-down
auf Nummer Sicher gehen, auch: auf
    Nummer sicher gehen
das Sicherste ist, wenn
Smalltalk, auch: Small Talk
sobald ich kann
    ich kann so bald nicht kommen
sodann
so dass/sodass
solange es gut geht
    du hast mich so lange warten lassen,
    dass
sosehr ich mich freue, aber: er lief so
sehr, dass
soundso lang, breit, groß, viel
soviel ich erfuhr
soweit ich beurteilen kann
    so weit als möglich
    es geht so weit gut
    wirf den Ball so weit wie möglich
so wenig wie möglich
alles Sonstige besprechen wir morgen
des Sonntags
    sonntags
    sonn- und feiertags
    am Sonntagabend
    sonntagabends (vgl. Dienstag oder
    Montag)
    sonntags abends
sooft du kannst
    ich habe dich so oft gebeten
Sowohl-als-auch

außerstande sein, auch: außer Stande
sein
    imstande sein, auch: im Stande sein
    instand setzen, auch: in Stand setzen
    zustande bringen, auch: zu Stande
    bringen
stattdessen
    an Eides Statt
vonstatten gehen
    zustatten kommen
Stenograf
im Stillen
    stillhalten (ruhig sitzen), aber: etwas
    still halten
    stillschweigen
    stilllegen (außer Betrieb setzen)
    stillliegen (außer Betrieb sein)
    stillsitzen (nicht beschäftigt sein)
    stillstehen (in der Bewegung auf-
    hören)
    aber:
    still sitzen (ruhig sitzen)
    still liegen (ruhig liegen)
    still stehen (ruhig stehen)
Stofffülle, auch: Stoff-Fülle
Stopp
streng genommen
    aufs strengste unterschieden, auch:
    aufs Strengste unterschieden
2-stündig, 3-stündig, 4-stündig
substantiell, auch: substanziell

T

Tabula rasa machen
tags zuvor

tagaus, tagein
tagsüber
tagtäglich
tagelang
heutzutage
zutage treten, auch: zu Tage treten
2-tägig, 3-tägig, 4-tägig
mehrere Tausend, auch: tausend
    Tausende, auch: tausende von Zu-
    schauern
    tausende und abertausende, auch:
    Tausende und Abertausende
    vom Hundertsten ins Tausendste
    mehrere tausend Stück
    tausendfach
    tausendmal
    zu Hunderten und Tausenden
    das sind eintausend Maschinen
Tipp

U

übereinander legen
überhand nehmen
übermorgen Abend, Nachmittag
im Übrigen
    die Übrigen waren krank
    übrig behalten
    übrig bleiben
    ein Übriges tun
U-förmig, auch: u-förmig
umso mehr
    umso weniger
um sein: die Zeit ist um gewesen
und Ähnliches (u. Ä.)
er ließ uns im Ungewissen

das Ungewisse bereitet oft Sorge
Unfairness
im Unklaren bleiben
er schreibt ins Unreine
unselbständig, auch: unselbstständig
die Unseren, auch: die unseren
   die Unsrigen, auch: die unsrigen
unten erwähnt
   unten stehend
   unter der Hand
unverrichteter Dinge

V

Verschiedenes war noch unklar
Verselbständigen, auch: verselbstständi-
   gen
V-förmig, auch: v-förmig
in vielem hat er recht
   mit vielem
   um vieles
   die Sachen kosten gleich viel
   zum soundsovielten Male
   das ist zu viel
   viel diskutiertes Buch
   viel sagender, auch: vielsagender Blick
   viel versprechendes, auch: vielver-
   sprechendes Projekt
   viel gefragt
   er erklärte vielmehr seine Zustimmung
   er weiß viel mehr, als er zugibt
auf allen vieren
   wir sind zu viert
   der Vierte links
   der Vierte des Monats

zwei Viertelstunden, zwei viertel
   Stunden
um viertel acht
um drei viertel acht
eine halbe bis drei viertel Stunde
voneinander gehen (sich trennen)
vonnöten
   von Nutzen
   von Rechts wegen
   vonseiten, von Seiten
   vonstatten gehen
Vorangehendes gilt auch
im Voraus
   aller Voraussicht nach
   jemandem voraus sein
vorgestern Abend, Mittag, Morgen
im Vorhinein
das Vorige gilt auch
vorlieb nehmen
vormittags
   heute Vormittag
das Vorstehende
   einer Sache vorstehen
vorwärts gehen
   vorwärts kommen

W

Walkie-Talkie
weit gereist
   weit reichend, auch: weitreichend
   weit verbreitet
   weit reichend
bei weitem
   von weitem
ohne weiteres

bis auf weiteres
im Weiteren
des Weiteren
alles Weitere
das Weite suchen
weiter bestehen (weiterhin)
   aber:
   weiterbilden, weiterbefördern,
   weiterleiten etc.
das wenige, auch: Wenige
   ein wenig
   einige wenige
   umso weniger
   am wenigsten
   zu wenig
   ebenso wenig
im Wesentlichen aus
wieder aufnehmen
   wiederbekommen
   aber: er wird diesen Ausschlag nicht
   wieder bekommen
   wiederbringen
   wiedererhalten
   wieder erkennen
   wiederfordern
   wiedergeben
   es wird sich bald wieder geben
   wieder gutmachen
   wieder verwenden
wie viel(e)
   wievielmal, aber: wie viele Male
wie weit ist es von hier

X

X-förmig, auch: x-fömig
zum x-ten Mal

Z

2-zeilig, 3-zeilig, 4-zeilig
eine Zeit lang
zigtausend, auch: Zigtausend
zirka
zufrieden stellen
zugrunde, auch: zu Grunde legen
zugunsten, auch: zu Gunsten
zugute halten
zu Hause, in Österreich und der
   Schweiz: auch: zuhause
zulasten, auch: zu Lasten
zuleide, auch: zu Leide tun
zuliebe tun
sich etwas zunutze machen, auch: sich
   etwas zu Nutze machen
zum Besten geben
   es steht nicht zum Besten
zum ersten Male
   zum letzten Male
zumute, auch: zu Mute sein
jmdm. zupass kommen
nichts zuschulden, auch: zu Schulden
   kommen lassen
zurande kommen, auch: zu Rande kommen
zurate, auch: zu Rate ziehen
völlig zu Recht
zurzeit

sich etwas zuschulden kommen lassen,
   auch: sich etwas zu Schulden kommen lassen
zustande, auch: zu Stande kommen
zustatten kommen
zutage, auch: zu Tage bringen
zuteil werden
zuungunsten, auch: zu Ungunsten

zu viel des Guten
   besser zu viel als zu wenig
zuwege bringen, auch: zu Wege bringen
zuzeiten (bisweilen)
aber: zu Zeiten Karls des Großen
er hat wie kein Zweiter gearbeitet
jeder Zweite war krank

Stichwortverzeichnis

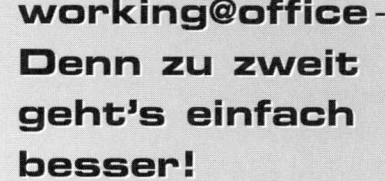